Terapia Asistida con Animales

MÉTODO CTAC

Ejercicios para enriquecer
las intervenciones asistidas con perros

Eva Domènec   Francesc Ristol

SMILES
CTAC
·publishing·

Terapia Asistida con Animales
Método CTAC
Ejercicios para enriquecer
las intervenciones asistidas con perros

2ª Edición: Diciembre 2015

Copyright © 2013

Autores:
Eva Domènec
Francesc Ristol

Imprime:
GRUPO CTAC.
www.ctac.cat

Ilustradora:Marta Perdigó

ISBN 978-0-9886331-1-7

Índice

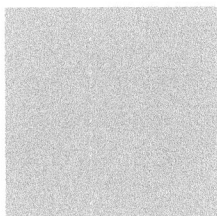

Quién me hubiera dicho...

... que hoy estaría junto con Cuca y Bamba en los jardines del hospital Sant Joan de Déu! esperando que sea la hora de iniciar las sesiones de estimulación cognitiva con terapia asistida, con nuestros perros de CTAC.

Llegar hasta este punto ha sido posible gracias a un crecimiento personal, profesional y empresarial que he realizado junto a Francesc Ristol, y de todas aquellas personas que han formado parte de las terapias asistidas con perros.

Las primeras actividades con las que Francesc y yo nos iniciamos en este camino se realizaron junto a un grupo de chicos y chicas increíbles llamados Pecus, Javi, Isa, Xavi, Campru. Junto con nuestros perros de aguas españoles Nadal, Bruixa y Mel, entre otros, hacíamos actividades asistidas con animales en un lugar privilegiado del mundo: nuestro centro Can Llosses, ubicado en el parque natural de Collserola (Barcelona).

Con estos participantes, más los conocimientos teóricos terapéuticos, era seguro que Pecus y sus amigos se lo iban a pasar muy bien. Teníamos los usuarios, los perros, los terapeutas y las ganas... Faltaba una cosa: encontrar aquellas actividades que motivaran a los chicos a trabajar, día tras día, con los perros; a interactuar con la naturaleza y a relacionarse entre ellos y así lograr alcanzar los objetivos, grupales e individuales, establecidos en un inicio.

Encontrar esos ejercicios parecía una tarea tan simple como ir a una librería especializada y buscar un libro de ejercicios de actividades e intervenciones asistidas con animales. Creedme si os digo que este es y continúa siendo un de mis objetivos: encontrar ese libro que nos ayude a enriquecer las terapias asistidas con animales.

Dado que no encontramos ninguno, pensamos que debíamos compartir nuestros conocimientos impartiendo cursos de formación profesional a futuros expertos y técnicos en terapia asistida con animales y publicar lo que hoy tenéis entre manos: el primer libro CTAC especializado en ejercicios de terapia asistida con animales.

Este primer libro es un recopilatorio de ejercicios básicos para trabajar las habilidades sociales, la aproximación al perro, la interacción grupal, la estimulación cognitiva básica y la psicomotricidad.

Como dos es mejor que uno, no hay dos sin tres y dos más dos hacen cuatro, a este libro le seguirán otros con ejercicios más especializados en las siguientes áreas: estimulación sensorial, estimulación cognitiva y rehabilitación física mediante la aplicación del perro manta.

Seguro que estamos todos de acuerdo en una cosa: la terapia resulta mucho más efectiva cuando existe una motivación para realizarla.

Como decía Levinson, "el mejor medio de comunicación es a través del juego".

Así que... ¡a jugar! ¡a trabajar! ¡a trabajar jugando!

Os invito a compartir el amor y el juego de vuestro perro con aquellas personas que, al verlo, se les ilumine la cara y el corazón

Eva Domènec
Directora de programas
de IAA de CTAC

Presentación

de la unidad de intervenciones asistidas con animales
del Hospital Sant Joan de Déu de Barcelona

El Hospital Sant Joan de Déu Barcelona, es un centro sanitario privado sin ánimo de lucro, concertado con el sistema público y asociado a la Universidad de Barcelona.

Es centro de referencia en la atención pediátrica y en Obstetricia y Ginecología, con un posicionamiento muy relevante a nivel internacional, en cuanto al volumen de ingresos hospitalarios, capacidad y número de altas (22.000 por año).

Los valores como institución están reflejados en nuestro plan estratégico denominado Paidhos, acrónimo del griego Paidós (niño), idea que define y sintetiza nuestros valores más destacados, es decir, Profesionalidad, Accesibilidad, Innovación, Docencia, Hospitalidad, Organización abierta y Solidaridad y Sostenibilidad.

Nuestra visión de la asistencia se basa en la orientación hacia la persona, y lo desarrollamos en el programa Hospital Amic, creado para garantizar los principios fundamentales de la carta europea de Derechos de los niños Hospitalizados y del principio de Hospitalidad de la Orden de San Juan de Dios.

Por todo ello, desde el Hospital San Joan de Deú, hacemos una apuesta por la Innovación y por la utilización de aquellas herramientas terapéuticas que nos permitan cuidar nuestros pacientes de la mejor manera posible, adaptándonos a su lenguaje y a la interpretación que hacen de la realidad.

En este contexto, incluimos las Intervenciones Asistidas con Animales, que utilizamos desde hace ya más de dos años con unos resultados muy satisfactorios. Basándonos en la evidencia científica, en la experiencia de otros centros similares y en la nuestra, hemos comprobado la efectividad que tienen estas intervenciones en nuestros pacientes.

En cuanto a la dinámica, son los profesionales sanitarios los que detectan las necesidades y dificultades en el tratamiento o cuidado al paciente y los que llegan a la conclusión de que las Intervenciones Asistidas con Animales, pueden ser una herramienta de ayuda. Es entonces cuando experto (profesional. Sanitario) y técnico, acuerdan la intervención más adecuada, en función del objetivo terapéutico.

Al finalizar cada intervención, realizan una evaluación conjunta del desarollo de la misma y se acuerda el nivel de resultados obtenidos. Con ello, contribuimos a la mejora continua en las intervenciones y aumentamos la calidad de los diferentes programas.

Y así, lo que empezó siendo un programa dirigido a un grupo específico de pacientes, como son los niños y adolescentes con problemas de Salud Mental, ha ido creciendo, hasta convertirse en una Unidad con entidad propia, que da servicio a todas las áreas y especialidades médicas que lo requieran.

La misión es ofrecer una ayuda y estímulo para los niños que trabajan activamente para superar su problema de salud, y para adaptarse a las nuevas situaciones y retos que les plantean su enfermedad. Para ello, los profesionales sanitarios unimos fuerzas con estos seres entrañables que son los perros y los técnicos que les acompañan y desarrollamos estrategias personalizadas en cada área en general y a cada caso en particular, con unos resultados evidentes

Hospital Sant Joan de Déu de Barcelona

Intervenciones asistidas con animales

Exposición sobre los criterios que se aplicaron para reemplazar el encabezamiento Terapia Asistida con Animales por el de Intervenciones Asistidas con Animales.

Si repasamos nuestra historia, observaremos que desde hace miles de años existe un estrecho vínculo entre el ser humano y distintas especies de animales. Además, la aplicación de algunos animales en programas terapéuticos tiene un largo camino recorrido. No obstante, su aplicación extensiva, organizada y documentada es relativamente reciente. Es por este motivo que, si observamos distintas publicaciones de nuestro sector, fácilmente encontraremos diferentes términos que describen nuestra profesión: canoterapia, co-terapeuta, terapia asistida por animales, terapia asistida con animales, etc.

Existen numerosas definiciones de la Terapia Asistida con Animales. Beck define, por ejemplo, la terapia asistida como "aquella terapia que implica el uso de los animales como agentes terapéuticos".[1] Katcher la apunta como "la utilización de la capacidad terapéutica del contacto con los animales".[2] y Granger y Kogan incorporan la definición de terapia asistida de la Delta Society, que la entiende como "una intervención que persigue un objetivo curativo y que usa el vínculo persona-animal como parte integral del proceso de tratamiento".[3]

Y como bien dice Delta Society, las Actividades Asistidas con Animales (AAA) a diferencia de las Terapias Asistidas con Animales (TAA)- persiguen el objetivo de mejorar la calidad de vida del individuo mediante el uso del vínculo persna animal, pero no están dirigidas por un terapeuta ni tampoco son registradas o evaluadas de manera diferente de las otras interacciones con animales.

Sin embargo, actualmente bajo numerosos encabezados de publicaciones, de manuales, de artículos, de ponencias o cursos de Terapia Asistida con Animales incluimos y contemplamos las siguientes formas de interacción entre las personas y los animales:

AAA- Actividades Asistidas con Animales
TAA- Terapia Asistida con Animales)
EAA- Educación Asistida con Animales)

1 BECK A.M. "El uso de animales en beneficio de los humanos: terapia asistida por animales" en FINE, A Manual de terapia asistida por animales, págs. 23-41. Fundación Affinity, Barcelona, 2003.
2 KATCHER A.H "La salud y el entorno viviente" en El hombre y los animales de compañía: beneficios para la salud: Comunicaciones I Congreso Internacional, págs. 77-94. Fundación Purina, Madrid. 1992.
3 GRANGER B. P. Y KOGAN L. "Terapia Asistida por Animales en entornos especializados" en FINE, A., Op. Cit, págs. 241-265. 5

A la hora de redactar el Protocolo de las Intervenciones con perros en ITAKA, la Unidad de Hospitalización de Psiquiatría del Hospital Sant Joan de Déu, de Barcelona, cuando se plantearon las siguientes reflexiones y preguntas:

Por un lado, encontramos que existía una sobreinclusión de términos entre el nombre genérico de la actividad, es decir, la Terapia Asistida con Animales (TAA) que incluye a las IAA y estas, a su vez, incluyen a las también llamadas Terapias Asistidas con Animales, pero en este caso desde el punto de vista de la interacción terapéutica con el usuario.

Por otro lado, vimos que si utilizábamos en el encabezamiento la palabra terapia en el sentido clínico del término, ¿podían las AAA, las EAA o los programas PAR estar bajo su paraguas?

Para dar una respuesta a este interrogante y en pro de una mayor puntualización de los términos, propusimos cambiar la palabra terapia del enunciado general Terapia Asistida con Animales (TAA) por la palabra intervención: Intervenciones Asistidas con Animales (IAA), pues solo esta da cobijo a las distintas interacciones entre las personas y los animales.

Debemos tener presente que este cambio afecta todas a las abreviaciones prácticas que utilizaremos de aquí en adelante. Las abreviaciones de los nombres que damos a los profesionales implicados también cambian con la nueva terminología, al reemplazar la palabra terapia por la palabra intervención:

— El hasta ahora llamado Receptor de la Terapia (RT) pasa a llamarse **Receptor de la Intervención (RI)**, quien es el usuario que se beneficia de las sesiones de IAA.

— El Profesional de la Terapia (PT) pasa a llamarse **Profesional de la Intervención (PI),** ya sea que se trate de un profesional de la salud o de la educación formado con los conocimientos en la aplicación de estas intervenciones.

— El actual Técnico en Terapia Asistida con Animales (TTA) se define como **Técnico en Intervenciones Asistidas con Animales (TIA).** Es el profesional responsable del manejo y el bienestar físico y psíquico del animal, dentro y fuera de las sesiones de las IAA. Su objetivo es favorecer una interacción positiva y productiva entre el RI y el animal.

— Una nueva definición es la de la **Unidad de Intervención (UI),** binomio formado entre el TIA y un animal específicamente seleccionado y adiestrado para poder formar parte de una sesión de IAA.

Resumiendo: Las Intervenciones Asistidas con Animales (IAA) se clasifican en función de qué profesionales están implicados en el diseño, desarrollo y evaluación de la sesión. De esta manera clasificamos las IAA en cinco grupos:

1) AAA - Actividades Asistidas con Animales:

La Unidad de Intervención (UI) dirige la sesión para uno o varios usuarios (RI) con el fin de alcanzar unos objetivos generales previamente planteados por el equipo responsable del grupo.
Es decir, AAA= UI+RI.

2) TAA - Terapias Asistidas con Animales:

La Unidad de Intervención (UI) trabaja durante la sesión, junto a un profesional de la salud (PI) para que el perro se comporte como un facilitador, un motivador o un mecanismo de apoyo para el Receptor de la Intervención (RI) y así este logre alcanzar de forma lúdica y rápida los objetivos terapéuticos planteados inicialmente.

Estarán incluidos bajo este término los profesionales de la Psiquiatría, Neurología, Psicología, Enfermería, Fisioterapia, Terapia Ocupacional, etc. quienes en función de su capacitación legal o delegada para la práctica clínica, realizarán este tipo de actividad en función de los objetivos acordados.
Entonces, TAA= UI+PI+RI

3) EAA - Educación Asistidas con Animales:

La Unidad de Intervención (UI) trabaja durante la sesión, junto a un terapeuta de la educación (PI) para que el perro se comporte como un facilitador, un motivador o un mecanismo de apoyo para el usuario de la intervención y así éste logre alcanzar de forma lúdica y rápida los objetivos educacionales planteados inicialmente.
Luego, EAA= UI+PI+RI

4) VAA - Valoración Asistida con Animales:

La Unidad de Intervención (UI) colabora con el equipo multidisciplinario de un usuario. De esta forma, el equipo puede tener distintos enfoques para valorar un posible diagnóstico mediante la interacción del usuario con el animal.
Por lo tanto, VAA= UI+ equipo multidisciplinario+ RI

5) PAR- Programas de Animal Residente (PAR):

El animal reside de forma permanente dentro de un centro y participa de la vida cotidiana de los usuarios. El animal está específicamente adiestrado como animal de terapia y puede a su vez participar en otros programas de IAA en el mismo centro.

CUADRO RESUMEN DE LA NUEVA CLASIFICACIÓN

Presentado por Francesc Ristol Ubach en el I Congreso Internacional de Terapia Asistida con Animales en la Rehabilitación, organizado por la Corporación de Ayuda a la Familia de Carabineros de Chile (Santiago de Chile, 7 de setiembre del 2011).

	Tipo de intervención	Participantes de la intervención			
		RI	PI	UI	
				TIA	Perro
INTERVENCIONES ASISTIDAS CON ANIMALES- IAA	AAA	X		X	X
	TAA	X	X	X	X
	EAA	X	X	X	X
	VAA	X	X	X	X
	PAR	X			X

La clave del éxito en las IAA: El vínculo del RI con el perro

Erik Erikson, psicólogo estadounidense destacado por sus contribuciones en la psicología del desarrollo humano, hizo una importante aportación sobre la relación que se establece entre los seres humanos y los animales de compañía; afirma que ella estará influenciada por la etapa evolutiva de la persona, por sus experiencias previas y, en la primera infancia, por las actitudes de los padres y los abuelos con respecto a los perros u otros animales.

Como profesionales en Intervenciones Asistidas con Animales, debemos trabajar en pro de la consolidación positiva del vínculo entre el animal y el ser humano y -en el caso de CTAC- entre el perro y el receptor de la intervención.

Cuando realizamos una IAA entre un RI y un perro, el principal objetivo es que el RI se sienta relajado con la presencia del animal en la sala. Los límites en la aproximación o interacción serán marcados por cada usuario; nosotros deberemos interpretar su lenguaje corporal para poder actuar en consecuencia. La prisa o la improvisación no construyen un terreno firme sobre el cual podamos trabajar los objetivos planteados.

Con el fin de crear un vínculo estable y un manejo correcto del RI con el animal, deberemos avanzar paso a paso en la interacción. Así lograremos incrementar el grado de autonomía en el manejo del perro y, por lo tanto ,la autoestima del RI. Si el RI se siente amado, competente y capaz, ¡que fácil será trabajar en pro de unos objetivos terapéuticos junto a su compañero, el perro!

A continuación, se enumeran distintos patrones que pueden aparecer durante la IAA y se especifica qué comportamientos se deberían reconducir si aparecieran durante la interacción. Los siguientes aspectos no pretenden indicar la secuencia que obligatoriamente observaremos, ya que ella la marcará el propio RI. En cambio nos pueden ayudar a ver en qué punto estamos y dónde queremos llegar.

AREA DEL ASEO

- El RI no establece contacto visual con el perro, situado a una distancia mayor a un metro.
- El RI establece contacto visual con el perro, situado a una distancia mayor a un metro.
- El RI se mantiene alerta mientras asea al perro a una distancia crítica.
- El RI, relajado, asea al perro y mantiene una distancia crítica cada vez menor.
- El RI, relajado, inicia por sí solo el aseo del perro.
- El RI asea al perro utilizando ambas manos.
- El RI asea al perro y es capaz de seguir consignas simples.
- El RI asea al perro y es capaz de seguir consignas complejas.
- El RI inicia y finaliza el aseo por sí solo.
- El RI es capaz de guiar a un compañero en el aseo del perro.

Comportamientos que se deben reconducir:

- Se autoestimula con los elementos de aseo del perro.
- Utiliza erróneamente los elementos de aseo.
- Efectúa movimientos de cepillado bruscos para con el perro.

ENTREGA DE PREMIOS

- El RI no quiere tener contacto con los premios del perro.
- El RI lanza el premio al perro a una distancia mayor a un metro sin contacto visual
- El RI lanza el premio al perro a una distancia mayor a un metro con contacto visual
- El RI deposita el premio sobre la palma de la mano del PI a una distancia mayor a un metro del perro y observa la entrega.
- El RI deposita el premio sobre la palma de la mano del PI a una distancia menor a un metro del perro y observa la entrega.
- El RI deposita el premio sobre una superficie rígida y se lo acerca al perro.
- El RI deposita el premio sobre la palma de su mano y se lo acerca al perro con la ayuda del PI.
- El RI deposita el premio sobre la palma de su mano y se lo acerca al perro sin ayuda.
- El RI toma el premio formando la pinza con sus dedos y se lo acerca al perro con ayuda.
- El RI toma el premio formando la pinza con sus dedos y se lo acerca al perro sin ayuda.

Comportamientos que se deben reconducir:

- Muestra curiosidad por ingerirlos.
- Efectúa rituales con los premios del perro antes de entregárselos.

CONTACTO

- El RI se mantiene alerta con el perro en posición de 'quieto' a una distancia mayor a un metro.
- El RI se mantiene relajado con el perro en posición de 'quieto' a una distancia mayor a un metro.
- El RI se mantiene alerta con el perro en posición de 'quieto' a una distancia menor a un metro.
- El RI se mantiene relajado con el perro en posición de 'quieto' a una distancia menor a un metro.
- El RI se mantiene alerta con el perro en movimiento a una distancia menor a un metro.
- El RI se mantiene relajado con el perro en movimiento a una distancia menor a un metro.
- El RI, alerta, acaricia superficialmente al perro con la punta de los dedos.
- El RI, relajado, acaricia alperro con ambas manos con iniciativa de movimientos.
- El RI sentado junto al perro se mantiene relajado y lo manipula cerca de él.
- El RI se tumba y se relaja encima del perro.

Comportamientos que se deben reconducir:

- Tiende a manipular bruscamente al perro con sus manos o pies.
- Se relaciona con el perro a modo de caballo.
- Toma al perro de forma indebida.

LA CORREA Y EL PASEO

- El RI se muestra negativo a la hora de agarrar la correa del perro.
- El RI mantiene un contacto breve y superficial con la correa.
- El RI lanza la correa al suelo cada vez que el PI se la entrega.
- El RI mantiene la correa en la mano con la ayuda del PI.
- El RI sujeta la correa por sí solo durante un periodo de tiempo cada vez más largo.
- El RI maneja la correa con ambas manos simultáneamente.
- El control del RI sobre la correa es tal, que mantiene la situación pese a que el perro tire de ella.
- El RI se deja llevar por el perro.
- El RI camina al lado del perro.
- El RI dirige la marcha del perro.
- El RI realiza circuitos de psicomotricidad junto al perro.

Comportamientos que se deben reconducir:

- Movimientos estereotipados con la correa.
- Uso brusco de la correa del perro.

ENTREGA y LANZAMIENTO DE OBJETOS AL PERRO

- El RI no quiere tomar el objeto.
- El RI toma el objeto que le entrega el perro a través del PI pero sin contacto visual.
- El RI toma el objeto que le entrega el perro a través del PI pero con el objeto seco.
- El RI toma el objeto que le entrega el perro a través del PI y con el objeto húmedo.
- El RI toma el objeto después que el perro lo haya depositado del suelo.
- El RI toma el objeto directamente del perro colocando su mano debajo del maxilar inferior del perro.
- El RI toma el objeto directamente de la boca del perro.
- El RI emite una orden gestual o verbal para que el perro le entregue el objeto
- El RI no lanza el objeto al perro pero mantiene el contacto visual con él.
- El RI entrega directamente el objeto al perro.
- El RI lanza el objeto a una distancia menor a un metro.
- El RI lanza el objeto a una distancia mayor a un metro.
- El RI emite la orden gestual o verbal para que el perro recoja el objeto.

Comportamientos que se deben reconducir:

- El RI se muestra ansioso ante el movimiento del perro.
- El RI no presta atención a la actividad que realiza el perro.
- El RI no muestra tiempo de espera.

Cómo utilizar este libro

En el trascurso de todos estos años CTAC ha propuesto un sinfín de ejercicios para el mundo de las terapias asistidas con animales y los ha llevado a la práctica.

Todos y cada uno de ellos se han documentado, valorado y experimentado de la mano de los distintos profesionales con los que hemos tenido el placer de compartir nuestro trabajo.

Os podemos garantizar que cada uno de estos ejercicios ha facilitado el poder alcanzar de forma lúdica los objetivos inicialmente propuestos y, sobre todo, han formado parte de la sonrisa de muchas personas con quienes nuestros perros han tenido el placer de trabajar.

Este libro pretende ser una guía para los profesionales de la Terapia Asistida con Animales. En él los expertos y los técnicos encontrarán muchas ideas para continuar creando nuevas actividades que enriquezcan o faciliten alcanzar los objetivos terapéuticos.

Cada ejercicio tiene la siguiente estructura:

1 – La actividad y posibles variaciones del mismo ejercicio
2 – Material y órdenes necesarias para el ejercicio
3 – Dibujo representativo
4 – Áreas a trabajar y posibles objetivos

Bienvenidos al método CTAC, un modelo educativo y terapéutico que está cambiando la forma de ayudar a mejorar la calidad de vida de niños y adultos.

Francesc Ristol
Director Grupo CTAC

Ejercicios estimulación sensorial

Estimulación sensorial

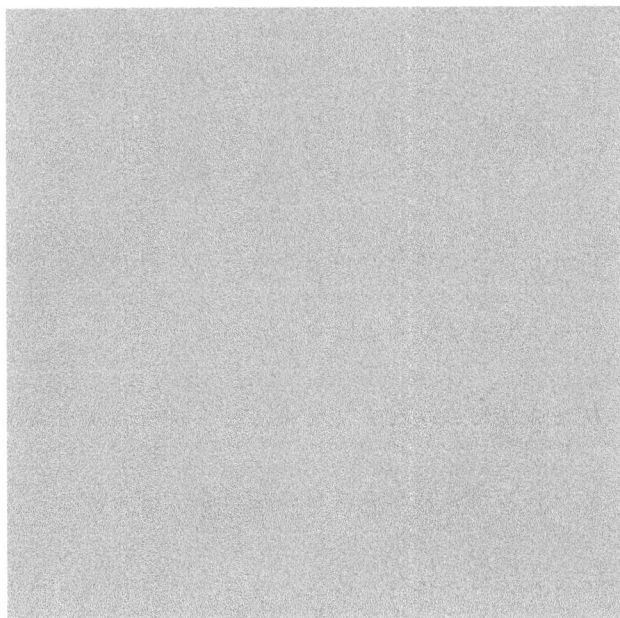

AUTORRETRATO

El objetivo del juego es que el receptor de la terapia pinte su silueta y la del perro en un espejo.

Situados frente al espejo, la persona observará atentamente al animal. Para empezar, desde esta posición, el terapeuta podrá:

- Destacar similitudes y diferencias entre ambos.
- Pedir al destinatario de la terapia que toque una parte de su cuerpo o del cuerpo del perro.
- Pedir que señale sobre el espejo determinada parte de su cuerpo o del cuerpo del perro.
- Que cepille al perro guiándose por el reflejo en el espejo.
- Trabajar conceptos de lateralidad ayudado por el uso de pañuelos.

A continuación, le daremos a la persona pintura para dedos para que con ella dibuje:

- La silueta del perro en el espejo.
- Una parte del cuerpo del perro en un color determinado.
- Su propia silueta.
- Finalmente ambos, la persona y el perro, dejarán su marca o su huella en el espejo.

Variantes:

- Situar al perro y al destinatario de la terapia frente a frente. La persona deberá imitar al perro como si fuera un espejo, copiando sus movimientos.

- Situar al perro frente a la persona, quien deberá mover el mismo lado que el perro (por ejemplo, derecha/derecha).

- El perro mostrará láminas que ilustren sus emociones. La persona deberá representarlas.

COMANDOS PARA EL PERRO	MATERIAL
• Ponerse en dos patas	• Espejo
• Adiós Der/Izq	• Pintura para dedos de colores
• Sentarse	• Pañuelos
• Dar la pata Der/Izq	• Cepillo
• Permanecer de pie	• Láminas de emociones perrunas
• Target de dirección	
• Andar hacia atrás/delante	
• Saludar Der/Izq	
• Girar en redondo Der/Izq	

Área psicomotriz	Coordinación motora	Objetivos
	Estimulación sensorial	• Ejercitar la percepción espacio-visual
	Percepción espacio-temporal	• Ejercitar la lateralidad
		• Ejercitar el equilibrio
	Esquema corporal	• Adquirir o ejercitar la noción del eje de simetría
Área cognitiva	Atención y concentración	• Imitar los movimientos
	Categorización	• Prestar atención al movimiento del otro
	Memoria	• Adquirir o ejercitar la capacitad de imitación
	Lenguaje y comunicación	• Estimular la imaginación
Área socio-afectiva	Presentación	• Ejercitar el placer del movimiento
	Actividad	• Expresar los sentimientos: tristeza, alegría, enfado
	Despedida y relajación	
	Juegos de mesa	

El objetivo del juego es regalarle una flor al perro de terapia.

Recortaremos en cartulina o goma eva las distintas partes de una flor: pétalos, el centro de la flor, las hojas y el tallo. Utilizaremos velcro o celo para formar la flor.

Cada vez que el RI responda a una pregunta o realice correctamente una acción, se ganará una parte de la flor que podrá adherir al tallo.

El perro esperará pacientemente, con el tallo de la flor sobre su lomo, a que el RI complete su regalo.

Para ganar una parte de la flor, el RI podrá:

— Leer un cuento y responder correctamente a las preguntas.
— Responder o formular preguntas sobre sentimientos, aficiones o preferencias.
— Recordar una secuencia de órdenes y hacérselas ejecutar al perro.
— Realizar la mímica o una acción de un personaje para que los otros participantes adivinen de qué o quién se trata.
— Realizar una determinada acción: abrazar, acariciar, susurrar...
— Superar algún obstáculo de un circuito.

Una vez completada la flor, el RI dará un paseo con el perro y su flor.

Finalmente, podemos desmontar la flor con actividades que propicien la relajación.

COMANDOS PARA EL PERRO	MATERIAL
• Sentarse	• Rosa de goma adaptada al collar
• Permanecer quieto	• Materiales para otras activodades

Área psicomotriz	Coordinación motora	Objetivos
	Estimulación sensorial	• Ejercitar la motricidad fina
	Percepción espacio-temporal	• Reconocer diferentes partes
	Esquema corporal	• Desarrollar la función simbólica
Área cognitiva	Atención y concentración	• Estimular la imaginación
	Categorización	• Estimular la socialización
	Memoria	
	Lenguaje y comunicación	
Área socio-afectiva	Presentación	
	Actividad	
	Despedida y relajación	
	Juegos de mesa	

TOCA... CLIC... PREMIO

El objetivo del juego es que el RI interactúe con el perro de manera dinámica siguiendo las pautas del PI.

En primer lugar, el PI explicará que el perro entiende las consignas de la voz y también el lenguaje de las manos. Con ellas se lo puede guiar hacia donde uno quiera. Cada vez que el perro nos toque la palma de la mano con el hocico, haremos sonar un clic y le daremos un premio.

Este ejercicio se puede realizar por parejas. Uno de los participantes moverá sus manos y entregará el premio, el otro cliqueará cada vez que el perro toque la palma del compañero con el hocico.

Para empezar, los movimientos del RI serán sencillos:

– Extender el brazo hacia un lado, con la mano abierta, sin separar los dedos
– Alternar uno y otro brazo.
– Apoyar la palma al lado de la pierna
– Colocar la palma entre las piernas...

El compañero cliqueará en el momento oportuno y luego le entregarán el premio al perro.

Variante:

– Cada movimiento se repetirá ciertas veces. Luego, podemos pedir al RI que realice una pequeña coreografía.

COMANDOS PARA EL PERRO	MATERIAL
• Target: tocar con el hocico	• Premios • Clicker

Área psicomotriz	Coordinación motora	Objetivos
	Estimulación sensorial	• Ejercitar la coordinación dinámica global
	Percepción espacio-temporal	• Ejercitar la percepción auditiva y el ritmo
	Esquema corporal	• Ejercitar la lateralidad
Área cognitiva	Atención y concentración	• Desarrollar el esquema corporal
	Categorización	• Ejercitar el sentido del ritmo
	Memoria	• Percibir signos táctiles
	Lenguaje y comunicación	• Prestar atención al movimiento del otro
Área socio-afectiva	Presentación	• Adquirir o ejercitar la capacidad de concentración
	Actividad	• Desarrollar la interacción social
	Despedida y relajación	• Estimular la responsabilidad grupal
	Juegos de mesa	

El objetivo del juego es que el RI llegue a la meta después de interactuar con el perro y ejercitar los conceptos de derecha e izquierda.

Marcaremos un punto de inicio, uno de llegada y una actividad para completar entre ambos: poner aros en una pica, montar un rompecabezas, narrar una historia con imágenes o escritura, cepillar al perro...

Para alcanzar el punto de llegada, el RI deberá avanzar cada vez que al extender la mano, el perro la toque con la nariz (target).

Colocaremos al RI unas etiquetas autoadhesivas sobre las palmas de las manos; una de color rojo, sobre la mano izquierda y otra de color verde, sobre la mano derecha.

Si se considera oportuno, el RI puede pintar sus manos con pintura o, en caso de que haya un grupo, pintarlas entre compañeros.

El PI nombrará uno u otro color; el RI deberá extender la mano para que el perro pueda tocar su palma con la nariz. Cuando se considere oportuno, se introducirá el concepto de derecha (mano verde) e izquierda (mano roja).

Cada vez que el RI extienda la mano correcta, el perro hará un target en la palma y eso le permitirá avanzar un paso hacia la meta.

COMANDOS PARA EL PERRO	MATERIAL
• Target de direccionalidad	• Etiquetas autoadhesivas de color rojo y verde • Pintura para dedos • Rompecabezas • Imágenes • Cepillo

		Objetivos
Área psicomotriz	Coordinación motora	• Adquirir o ejercitar la noción de direccionalidad: Trayectoría ocular, derecha - izquierda
	Estimulación sensorial	
	Percepción espacio-temporal	
	Esquema corporal	• Adquirir o ejercitar la noción de espacio y dirección
Área cognitiva	Atención y concentración	• Ejercitar el equilibrio
	Categorización	• Ejercitar la lateralidad
	Memoria	
	Lenguaje y comunicación	
Área socio-afectiva	Presentación	
	Actividad	
	Despedida y relajación	
	Juegos de mesa	

CAJAS CON SORPRESAS

El objetivo del juego es que el RI identifique y asocie percepciones sensoriales.

Se le presentarán series de tres cajas, cada una de las cuales contendrá elementos que produzcan una sensación táctil, olfativa o gustativa, que remita al mundo del perro.

En la serie olfativa, la primera caja contendrá una esponja embebida en colonia infantil; la segunda, una cebolla y la tercera, un paño con olor a perro.

El RI deberá oler al perro y, a continuación, cada una de esas cajas para identificar la que contiene el olor más parecido al del perro. Otra opción sería colocar los premios que se dan al perro en una de las cajas.

En la serie táctil, las cajas contendrán: una, aserrín; otra, agua y la última, pelo de perro. Para empezar, el RI acariciará al perro y, a continuación, introducirá la mano dentro de cada una de las cajas, para finalmente escoger la que contiene el material más parecido al pelaje del perro. Otra opción es simular el tacto de las almohadillas del perro, colocando en una de las cajas piedra pómez.

En la serie gustativa, el RI deberá identificar, mediante el gusto, la comida preferida del perro o aquella que le indique el PI. Para ello, probará los trocitos de comida que le dé el PI. Cuando acierte al identificar la comida que el PI le indicó, le podrá dar un bocado al perro.

Variante:

– El RI identificará cada caja con láminas o sin ellas y, si la respuesta es la correcta, le dará al perro un premio luego de que este realice una habilidad.

– Una vez que el RI conozca y memorice la secuencia de los tres materiales de una serie, le ordenará al perro que busque la caja correspondiente a cierto material. El RI deberá saber si la elección del perro es o no la correcta, antes de revisarla caja.

COMANDOS PARA EL PERRO	MATERIAL
• Echarse	• Tres cajas o vasos
• Permanecer quieto	• Materiales comestibles
• Premio	• Materiales olfativos
• Busca	• Materiales táctiles
	• Láminas 2D de los materiales

		Objetivos
Área psicomotriz	Coordinación motora	
	Estimulación sensorial	• Ejercitar la motricidad fina
	Percepción espacio-temporal	• Ejercitar la coordinación oculo-manual
	Esquema corporal	• Ejercitar la percepción táctil
	Atención y concentración	• Ejercitar la percepción gustativa
Área cognitiva	Categorización	• Ejercitar la percepción olfativa
		• Desarrollar el lenguaje: expresión y compresión
	Memoria	• Adquirir o ejercitar la noción de direccionalidad
	Lenguaje y comunicación	• Adquirir o ejercitar la capacidad de concentración
	Presentación	• Desarrollar o evaluar la memoria visual
Área socio-afectiva	Actividad	• Reconocer las pares de un todo
	Despedida y relajación	• Saber escuchar y responder
	Juegos de mesa	

UN RECUERDO PERRUNO

Al finalizar una actividad, el RI obtendrá una pieza de barro para moldear. Con ella preparará un recuerdo de su amigo, el perro de terapia, y trabajará para lograr un buen acabado de la pieza.

En primer término, por medio del tacto, se le ayudará a percibir las distintas sensaciones que transmite el barro y se las comparará con las sensaciones que transmite la piel del perro.

El RI deberá resolver de qué manera el perro le puede "dar su pata": según el tamaño del perro, elevará la pata para colocarla sobre el barro, o bien pondrá el barro sobre el suelo, debajo la pata del perro. Presionaremos la pata firmemente pero con suavidad para marcar la huella del perro en el material.

Luego utilizaremos distintos elementos y herramientas para que el RI decore la impresión de la huella y escriba su nombre y el del perro.

Una vez que el barro esté seco, barnizará la pieza para lograr un buen acabado.

COMANDOS PARA EL PERRO

- Permanecer quieto
- Sentarse
- Dar la pata

MATERIAL

- Barro
- Premios
- Banderines
- Piedrecitas de colores
- Barniz
- Herramientas para el barro

Área psicomotriz	Coordinación motora	Objetivos
	Estimulación sensorial	• Cooperación:
	Percepción espacio-temporal	Estimular las las relaciones de ayuda
	Esquema corporal	• Estimulación sensorial
Área cognitiva	Atención y concentración	• Favorecer el reconocimiento táctil
	Categorización	• Experimentar el placer de ensuciarse
	Memoria	• Experimentar el placer de crear
	Lenguaje y comunicación	
Área socio-afectiva	Presentación	
	Actividad	
	Despedida y relajación	
	Juegos de mesa	

33

GALLETAS DE PERRO

El objetivo del juego es que el RI haga con sus propias manos unas galletas para su amigo.

Elegiremos una receta atractiva, adaptada a cada RI. Llevaremos los ingredientes necesarios en las cantidades justas. Colocaremos en una mesa los ingredientes, que pueden estar identificados con sus nombres, y los utensilios necesarios para preparar las galletas.

Los RI experimentarán con los productos cuidadosamente: nombre, textura, olor, sabor... y, luego, ¡manos a la masa!

Damos aquí una receta de ejemplo, con los comentarios que podemos hacer sobre los ingredientes:

— 1 yogurt natural. El calcio es bueno para sus huesos
— 1 vaso de copos de avena. La avena es un buen antioxidante
— 2 vasos de harina de avena
— 2 vasos de levadura de cerveza. Muy buena para el pelaje
— 1 1/2 de caldo de pollo. Aporta las proteínas de la carne
— 1 cucharadita de menta picada para que tenga buen aliento

Se hacen bolitas individuales y se coloca en la bandeja del horno. Se cuecen a 180ºC en el horno precalentado durante 20 min.

Variantes:

— Leer el cuento "Las galletas del perro" de Helen Cooper, Ed. Joventut y trabajar sobre él: representarlo mímicamente y hacer preguntas.

— Pasados unos días, invitarlos a contar anécdotas propias sobre los perros y sus galletitas.

COMANDOS PARA EL PERRO	MATERIAL
• Echarse	• Ingredientes para las galletas
• Permanecer quieto	• Bol
• Llevar un objeto en la boca	• Vaso medidor
• Tocar con la pata o el hocico	• Horno (a cargo del terapeuta)
• Premio a la orden	

Área		Objetivos
Área psicomotriz	Coordinación motora	
	Estimulación sensorial	• Ejercitar la motricidad fina
	Percepción espacio-temporal	• Ejercitar la percepción táctil
	Esquema corporal	• Ejercitar la percepción gustativa
Área cognitiva	Atención y concentración	• Ejercitar la percepción olfativa
		• Prestar atención a las órdenes
	Categorización	• Mejorar la expresión y la compresión del lenguaje
	Memoria	• Aprender y respetar las normas sociales
	Lenguaje y comunicación	• Estimular las relaciones de ayuda
Área socio-afectiva	Presentación	• Experimentar el placer de reir
	Actividad	• Experimentar el placer de crear
	Despedida y relajación	
	Juegos de mesa	

A DIBUJAR

El objetivo del juego es que el RI tenga un recuerdo de la actividad, realizado con sus propias manos.

Para ello colocaremos en el suelo un papel para mural y unos platos con pintura para dedos de distintos colores. Para empezar, el PI trabajará con la identificación de los colores y con el tipo de material que utilizaremos.

El RI decidirá de qué color pintará cada una de las patas del perro, que estará en posición de tumbado. En primer lugar, pintará una, distribuyendo suavemente la pintura sobre las almohadillas con una brocha. A continuación, lo dejará pasear por el papel para mural. Luego, le lavará la pata pintada con una toallita y repetirá la operación con las otras tres.

Una vez que el perro haya pintado su parte del mural, le tocará al RI dejar sus huellas con sus manos y sus pies. Podemos trabajar los conceptos de derecha e izquierda.

Variante:

- Pediremos al RI que realice un dibujo libre en relación al perro. El perro estará acostado sobre una mesa cerca del RI. Colocaremos los lápices debajo del cuerpo del perro; el RI deberá sacar suavemente los lápices y, después de utilizarlos, volver a dejarlos, con cuidado, en su lugar.

COMANDOS PARA EL PERRO

- Echarse
- Permanecer quieto
- Caminar al lado

MATERIAL

- Papel para mural
- Pintura para dedos
- Platos de plástico
- Toallitas

Área psicomotriz	Coordinación motora	Objetivos
	Estimulación sensorial	• Ejercitar lateralidad
	Percepción espacio-temporal	• Ejercitar la motricidad fina • Ejercitar la percepción táctil
	Esquema corporal	• Mejorar la planificación anticipada de las tareas
Área cognitiva	Atención y concentración	• Estimular las relaciones de ayuda
	Categorización	• Experimentar el placer de esnsuciarse
	Memoria	
	Lenguaje y comunicación	
Área socio-afectiva	Presentación	
	Actividad	
	Despedida y relajación	
	Juegos de mesa	

PREPARAR LA COMIDA

El objetivo del juego es que el RI prepare la comida del perro y se la dé.

Debe saber, en primer lugar, qué utensilios se necesitan para dar de comer a un perro y que pasos se deben seguir.

Debemos tener en cuenta los siguientes ítems:

- Cada perro tendrá un plato identificado por una forma o color.
- El perro deberá comer una determinada cantidad de alimento, medida en gramos o con cuencos de distintos tamaños. El PI determinará el número de unidades de cada medida.
- Es preciso identificar el tamaño del perro (grande o pequeño) para relacionarlo con el pienso adecuado para su raza.

Luego, se realizarán las siguientes tareas:

- Tomar el plato del perro: buscarlo siguiendo consignas de espacio por la habitación, diferenciarlo de otros platos según la forma o el color.
- Realizar un registro, de mayor o menor complejidad, de lo que debe comer el perro.
- Seleccionar el alimento correcto según tamaño, color, forma, ubicación.

El RI elaborará una lista de los pasos con imágenes, escrita o memorizada.

- Tener las herramientas preparadas
- Pedir al perro que se siente y se mantenga quieto (tiempo de espera)
- Llenar el plato
- Colocar el plato en el suelo
- Pedir al perro que vaya hasta el cuenco de comida
- Dejarlo comer solo o darle con la cuchara

COMANDOS PARA EL PERRO	MATERIAL
• Sentarse	• Platos
• Permanecer quieto	• Alimento balanceado
• Venir	• Vasos medidores
• Premio a la orden	• Balanza

Área psicomotriz	Coordinación motora	Objetivos
	Estimulación sensorial	• Ejercitar la coordinación oculo-manual
	Percepción espacio-temporal	• Ejercitar la percepción táctil, olfativa
	Esquema corporal	• Ejercitar la orientación espacial
Área cognitiva	Atención y concentración	• Desarrollar funciones cognitivas
	Categorización	• Adquirir o ejercitar la noción de número: cantidad
	Memoria	• Adquirir o ejercitar la noción de unidad o pluridad
	Lenguaje y comunicación	• Reconocer visualmente los números
Área socio-afectiva	Presentación	• Desarrollar el pensamiento lógico-matemático
	Actividad	• Desarrollar el razonamiento lógico
	Despedida y relajación	• Experimentar el placer por la sensación de logro
	Juegos de mesa	

39

LA SÁBANA DEL DETECTIVE

El objetivo del juego es que el RI adivine cómo se llama el perro que se esconde debajo de una sábana.

El PI y sus perros se situarán frente al RI y los presentará uno por uno. Además preguntará sobre las diferencias visibles entre ellos o las hará notar.

El PI esconderá a uno de los perros debajo de una sábana y llevará a los demás fuera de la sala.

El RI se sentará al lado del perro cubierto por la sábana y le formulará preguntas al PI para adivinar de qué perro se trata. El PI solamente podrá responder en forma afirmativa o negativa.

Para favorecer la interacción, el RI podrá tocar al perro por debajo de la sábana mientras busca la respuesta correcta.

Variante:

– Podemos esconder al perro dentro de una jaula de transporte para incrementar la distancia entre ambos.

– Podemos jugar con las partes del cuerpo: el RI deberá adivinar por medio del tacto qué parte del cuerpo del perro está tocando bajo la sábana.

COMANDOS PARA EL PERRO	MATERIAL
• Permanecer quieto	• Jaula para transporte
• Echarse	• Sábana
• Tumbarse	

Área psicomotriz	Coordinación motora	Objetivos
	Estimulación sensorial	• Representar mentalmente el esquema corporal
	Percepción espacio-temporal	• Desarrollar o evaluar la memoria visual
	Esquema corporal	• Desarrollar o evaluar la memoria a corto plazo
Área cognitiva	Atención y concentración	• Reconocer las partes de un todo
	Categorización	• Reconocer la presencia y ausencia de los objetos o las personas
	Memoria	• Enriquecer el vocabulario
	Lenguaje y comunicación	• Desarrollar el razonamiento lógico
Área socio-afectiva	Presentación	• Aprender los nombres de los perros
	Actividad	• Aceptar las normas de interacción social
	Despedida y relajación	• Estimular la escucha activa
	Juegos de mesa	

MÍRAME

El objetivo del juego es fomentar el contacto visual entre el RI y el perro.

En primer término, gratificaremos el contacto visual general del RI sobre el animal. Situaremos al RI en un punto determinada de la sala y le pediremos:

- Que cada vez que el perro se siente, lo observe. Para llamar su atención, si no interfiere en la actividad, el perro puede ladrar o bien el PI puede producir algún tipo de ruido.
- Que observe al perro mientras éste se desplaza por el aula: a la rastra, en dos o en cuatro patas.
- Que mantenga la mirada fija en el perro, mientras se acerca de frente hacia él.
- Que mantenga la mirada en un punto del cuerpo del perro (identificado con una etiqueta autoadhesiva) mientras éste realiza una habilidad.
- Que mantenga un buen contacto visual con él, mientras le entrega un premio.

Variantes:

- Realizar los pasos anteriores pero que sea el RI quien se desplace.

- Realizar los ejercicios anteriores mientras el RI y el perro se desplazan.

Contacto visual y saludo:

El objetivo es que dos RI se saluden mirándose a la cara mientras se dan la mano. Cada uno de ellos llevará una etiqueta autoadhesiva entre las cejas. Situaremos al perro sentado entre ambos. En el momento en que se den la mano, colocaremos en medio dos premios que deberán repartirse entre ellos para luego dárselos al perro, sin dejar de mirar la etiqueta que lleva su compañero entre las cejas.

COMANDOS PARA EL PERRO	MATERIAL
• Saludar	• Premios
• Sentarse	• Etiquetas autoadhesivas
• Target de dirección	• Sonajero
• Reptar por el suelo	
• Andar hacia atrás	
• Permanecer quieto	

		Objetivos
Área psicomotriz	Coordinación motora	
	Estimulación sensorial	• Ejercitar la coordinación óculo-manual
	Percepción espacio-temporal	• Ejercitar la percepción espacio-visual
	Esquema corporal	• Aceptar las normas de interacción social
Área cognitiva	Atención y concentración	• Desarrollar el sentido de la observación
	Categorización	
	Memoria	
	Lenguaje y comunicación	
Área socio-afectiva	Presentación	
	Actividad	
	Despedida y relajación	
	Juegos de mesa	

ACORTAR LAS DISTANCIAS

El objetivo del juego es que la persona se aproxime al perro, estimulado por la motivación de darle de comer.

Por un lado, situaremos al perro en posición de "quieto" y por otro, a una cierta distancia, estará el destinatario de la terapia con un plato lleno de comida.

Entre ambos, a diferentes distancias, habrá tres cuencos de colores distintos.

El terapeuta o el destinatario Le preguntarán al perro cuántos premios quiere. Sus ladridos indicarán la cantidad de cucharadas que se deberá servir en el primer plato.

Una vez servidas, el receptor de la terapia volverá al punto de partida y el perro se aproximará a comer del primer plato.

A continuación se repetirá la pregunta y, en función de la predisposición de la persona, este se adelantará a servir dentro del segundo y del tercer plato.

En el siguiente nivel, el perro se mantendrá en su lugar durante todo el ejercicio. El receptor de la terapia le acercará el plato cada vez y volverá, a continuación, al punto de partida.

Variantes:

Se practicarán una vez que la aproximación de la persona a cada uno de los tres platos se produzca de forma natural.

- La elección del plato se efectuará al azar mediante una ruleta de colores.

- Se dispondrán los platos que representan las tres comidas diarias de la persona—desayuno, almuerzo y cena—sobre una línea que figure el tiempo en forma longitudinal, con el fin de trabajar mediante preguntas la relación entre los hábitos alimentarios y las actividades que realiza diariamente. Se puede indicar el número de premios o puñados que ha de colocar en cada cuenco.

COMANDOS PARA EL PERRO	MATERIAL
• Sentarse • Permanecer quieto • A comer • A su lugar	• Cuencos para alimento de distintos colores • Pienso o premios • Ruleta de colores • Ilustraciones de las tres comidas

		Objetivos
	Coordinación motora	
Área psicomotriz	Estimulación sensorial	• Reducir el estrés
	Percepción espacio-temporal	• Ejercitar la coordinación óculo-manual
	Esquema corporal	• Desarrollar el contacto visual
	Atención y concentración	• Aumentar la autoestima
		• Ejercitar la motricidad fina
Área cognitiva	Categorización	• Adquirir o ejercitar la noción de número: cantidad
	Memoria	• Ejercitar la orientación temporal
	Lenguaje y comunicación	• Relacionar los hábitos alimentarios con la rutina diaria
	Presentación	
Área socio-afectiva	Actividad	
	Despedida y relajación	
	Juegos de mesa	

El objetivo del juego es recrear las formas y los movimientos de los animales.

Sobre una mesa colocaremos unas tarjetas con figuras de animales boca abajo. El RI lanzará el dado y el perro se lo devolverá, indicándole un número.

El participante contará las tarjetas, dará la vuelta a la que corresponde y dirá a los compañeros cuál es el animal. El RI deberá imitar a estos animales para que el perro lo vea y luego lo pueda repetir. Ante la atenta mirada del perro, el RI actuará como si fuera ese animal.

Por ejemplo:

— Jirafa: ponerse de pie, muy erguido y así parecer muy alto
— Serpiente: arrastrarse por el suelo
— Cangrejo: caminar hacia atrás
— Delfín: saltar por un aro
— León: abrir la boca muy grande, sacudir la melena
— Oso: las dos patas delanteras hacia delante

Variante

— El RI girará la ruleta e imitará al animal con gran cantidad de detalles. El perro, luego de mirarlo detenidamente, escogerá la tarjeta que represente a aquel animal.

COMANDOS PARA EL PERRO	MATERIAL
• Ponerse a dos patas	• Láminas de animales
• Permanecer quieto	• Láminas de movimientos
• Saltar	• Ruleta de animales
• Pedir	
• Atrás	
• Sentarse	
• Target de dirección	
• Reptar por el suelo	
• Target	

		Objetivos
Área psicomotriz	Coordinación motora	
	Estimulación sensorial	• Estimular la imaginación
	Percepción espacio-temporal	• Estimular la creatividad • Adquirir o ejercitar la capacidad de simbolización
	Esquema corporal	• Adquirir o ejercitar la capacidad de imitación
Área cognitiva	Atención y concentración	
	Categorización	• Ejercitar el equilibrio • Adquirir o ejercitar la noción de número: cantidad
	Memoria	• Estimular la interacción y contacto corporal
	Lenguaje y comunicación	• Explorar diferentes formas de comunicación: mímica, rítmica, figurativa, teatral.
Área socio-afectiva	Presentación	
	Actividad	
	Despedida y relajación	
	Juegos de mesa	

El objetivo del juego es que el RI identifique la función de las partes del cuerpo del perro y las asocie con las del suyo.

El perro estará tumbado al lado del RI; iniciaremos una aproximación lenta, tocando las diferentes partes del cuerpo del perro.

Prestaremos especial atención a la manera de acariciar y tocar al perro; recordaremos al RI que debe hacerse con suavidad.

Cada vez que toquemos una zona del cuerpo, la nombraremos, conversaremos sobre su función y haremos un paralelismo con las partes de nuestro cuerpo.

Inmediatamente, surgirá que hay una parte del cuerpo del perro que nosotros no tenemos: la cola. Podemos bromear sobre esto pues provocará comentarios pícaros y risas; por otro lado es una fuente muy rica de comentarios sobre su función.

Variantes:

- El PI nombrará una función y el RI deberá tocar y nombrar la parte del cuerpo que la realiza.

- Emparejar: el perro dará al RI una lámina de una zona de su cuerpo y este deberá buscar una lámina que ilustre la función respectiva. Por cada par bien resuelto, el perro realizará una habilidad para el RI.

- El perro llevará unas pinzas sujetas a su cuerpo. El RI deberá colgar una lámina que ilustre la función respectiva en cada pinza.

COMANDOS PARA EL PERRO	MATERIAL
• Permanecer quieto	• Láminas de partes del cuerpo
• Echarse	• Láminas de acciones
• Soltar el objeto al suelo	• Láminas de funciones
• Llevar un objeto con la boca	• Pinzas
• Habilidades varias	• Premios

		Objetivos
Área psicomotriz	Coordinación motora	• Ejercitar la coordinación óculo-manual
	Estimulación sensorial	• Desarrollar el esquema corporal
	Percepción espacio-temporal	• Reconocer las propiedades y funciones
	Esquema corporal	• Reconocer las partes de un todo
Área cognitiva	Atención y concentración	• Desarrollar la función simbólica
	Categorización	• Estimular la imaginación
	Memoria	• Enriquecer el vocabulario
	Lenguaje y comunicación	• Aceptar las normas de interacción social
Área socio-afectiva	Presentación	• Estimula la escucha activa
	Actividad	
	Despedida y relajación	
	Juegos de mesa	

49

CUATRO PRUEBAS

El objetivo del juego es que el RI realice algunas actividades dentro de un circuito, junto con el perro

La actividad se desarrolla dentro de un recorrido marcado con objetos (conos, setas, cajas...). En cada uno de ellos, el RI se detendrá y realizará una actividad relacionada con el perro.

El técnico, junto con el perro, hará una demostración del circuito. El RI deberá prestar atención para poder repetirlo a continuación, con o sin ayuda.

Por ejemplo, podríamos escoger una de estas pruebas:

- En cada parada, el RI deberá tocar una determinada parte del cuerpo: cabeza, barriga, cola, pata, grupa, hocico, cruz, espolón...
- Colocar un premio en relación con un objeto: debajo, encima, delante, detrás...
- Tomar o dejar, en cada parada, un determinado número de premios y dárselos al perro.
- Realizar alguna acción: cepillar, abrazar, alimentar, besar...
- Colocar un aro o un pañuelo de determinado color al cuello del perro
- Dar una orden al perro de mayor o menor dificultad: "siéntate", "la pata", "échate"....

Estas tareas se podrán combinar o permitir que el RI desarrolle su creatividad.

COMANDOS PARA EL PERRO	MATERIAL
• Sentarse • Permanecer de pie • Permanecer quieto • Premio a la orden • Habilidades relacionadas	• Objetos para marcar los puntos de actividad • Elementos necesarios para realizar la actividad

Área	Coordinación motora	Objetivos
Área psicomotriz	Estimulación sensorial	• Desarrollar el esquema corporal
	Percepción espacio-temporal	• Adquirir o ejercitar la noción de espacio y dirección
	Esquema corporal	• Prestar atención al movimiento del otro
Área cognitiva	Atención y concentración	• Adquirir o ejercitar la capacidad de imitación
	Categorización	• Desarrollar o evaluar la memoria visual
	Memoria	• Desarrollar la capacidad de observación
	Lenguaje y comunicación	• Aprender y respetar las normas sociales
Área socio-afectiva	Presentación	• Estimular la imaginación
	Actividad	
	Despedida y relajación	
	Juegos de mesa	

SOPLARÉ O TOCARÉ

El objetivo es que el RI y el perro adivinen en dónde está escondido el premio del perro.

El PI presentará el juego. Tomará un premio y, sin ocultar sus manos, lo esconderá en la palma de una de ellas.

El RI tocará o soplará la mano en la que él considere que está el premio. Si acierta, le entregará el premio al perro y éste ejecutará una habilidad de alegría.

Luego, el PI dejará adivinar al perro: este, con sus patas, hará un target a la mano correspondiente. Si elije la mano correcta, el RI lo felicitará; si no, lo animará a probar una vez más o lo consolará para que espere un nuevo turno.

Después, el RI puede esconder los premios en sus manos; el perro los encontrará con su pata o con el hocico. También el perro puede esconder los premios bajo su cuerpo y el RI los encontrará mediante el tacto.

Variante:

– Colocaremos sobre una mesa de baja altura unos vasos de diferente color y tamaño. Por turnos, el RI y el perro deberán adivinar debajo de cuál de todos ellos se esconde el premio. Ambos mirarán con atención, con el fin de ayudarse mutuamente y, uno soplando o tocando y el otro con su pata o su hocico, adivinarán cuál es el vaso que oculta el premio.

COMANDOS PARA EL PERRO	MATERIAL
• Sentarse	• Premios
• Tocar con la pata o el hocico	• Sillas
• Premio a la orden	• Vasos
	• Mesa pequeña

Área psicomotriz	Coordinación motora	Objetivos
	Estimulación sensorial	• Desarrollar el sentido de la observación
	Percepción espacio-temporal	• Afianzar vínculos
	Esquema corporal	• Aceptar los desafíos
Área cognitiva	Atención y concentración	• Aprender a tolerar la frustación
	Categorización	• Respetar el tiempo de espera
	Memoria	• Cooperación: Estimular las relaciones de ayuda
	Lenguaje y comunicación	• Estimular la confianza con los demás
Área socio-afectiva	Presentación	
	Actividad	
	Despedida y relajación	
	Juegos de mesa	

ESCONDER LOS PREMIOS

El objetivo del juego es que el RI encuentre unos premios escondidos en el cuerpo del perro.

Colocaremos al perro tumbado sobre de una mesa o en el suelo, en la ubicación que permita la mayor proximidad del RI al perro.

Luego, el RI deberá cerrar los ojos mientras el PI esconde algunos premios debajo del cuerpo del perro: del pelaje, las patas, la cola, el collar, el cuerpo.

A continuación, con los ojos abiertos, los deberá ir encontrando mediante el tacto. Cada vez que halle uno, se lo podrá dar al perro o guardarlo en un cuenco para dárselo luego.

Variantes:

– La búsqueda se realizará con los ojos cerrados o vendados.

– La búsqueda se realizará en aquella parte del cuerpo que indique el terapeuta mediante el dado del cuerpo o mostrando una lámina.

– Introducir el juego de "Frío o caliente".

– Efectuar un paralelo entre la parte del cuerpo del perro donde encontramos los premios y la correspondiente al cuerpo del RI, colocándole una etiqueta autoadhesivas. Señalar las diferencias, por ejemplo, que el RI no tiene cola.

– Con los premios encontrados, podemos trabajar conceptos numéricos y aritméticos.

COMANDOS PARA EL PERRO	MATERIAL
• Echarse	• Premios
• Permanecer quieto	• Etiquetas autoadhesivas
• Rechazo de comida	• Láminas de partes del cuerpo
• Premio	• Dados de partes del cuerpo
	• Collar para el perro
	• Cuenco para los premios

		Objetivos
Área psicomotriz	Coordinación motora	
	Estimulación sensorial	• Ejercitar la percepción táctil
	Percepción espacio-temporal	• Favorecer el vínculo entre el RT y el perro
	Esquema corporal	• Ejercitar las destrezas manipulativas
Área cognitiva	Atención y concentración	• Desarrollar el esquema corporal
	Categorización	• Desarrollar o evaluar la memoria a corto plazo
	Memoria	• Desarrollar o evaluar la percepción del propio cuerpo
	Lenguaje y comunicación	
Área socio-afectiva	Presentación	
	Actividad	
	Despedida y relajación	
	Juegos de mesa	

El objetivo de la actividad es que el RI cepille por sí solo todo el pelaje del perro y lo acicale completamente.

Situaremos al perro en una posición confortable, que transmita seguridad al RI: de pie, tumbado, echado en el suelo o sobre una mesa, pero siempre quieto y tranquilo. Antes de empezar, explicaremos los motivos por los que hace falta cepillar al perro y los relacionaremos con la actividad del aseo diario, mediante una conversación amena o utilizando láminas que acompañen la explicación.

A continuación, le enseñaremos todos utensilios necesarios para el cepillado. Le permitiremos tocarlos, mirarlos y podrá escoger, del cesto de los cepillos, el que más le agrade.

El RI acariciará el pelaje para valorar el grado de cepillado que hace falta. Se le explicará que se puede cepillar a favor del pelo y a contrapelo, estableciendo la comparación con el recorrido del perfil de su cara en la dirección fácil (hacia abajo) o en la dirección difícil (hacia arriba).

Luego, sostendrá el cepillo con una mano y apoyará la otra sobre el perro. Acicalará las distintas zonas del cuerpo del perro.

El PI relatará las sensaciones que el perro siente, de acuerdo con el área que se esté cepillando y con la habilidad del RI. También se pueden nombrar las distintas partes del cuerpo.

Variantes:

— Se muestra una foto de un cepillo y el RI o el perro debe agarrar el correspondiente del canasto.

— Se describe un cepillo y el RI debe adivinar de cuál se trata.

— Se lanza el dado de las partes del cuerpo y se cepillará la parte que toque.

COMANDOS PARA EL PERRO	MATERIAL
• Echarse • Sentarse • Coger el objeto	• Cepillos de distintas formas • Material para adaptar los cepillos a las capacidades del RT

		Objetivos
Área psicomotriz	Coordinación motora	• Aprender a cepillar al perro
	Estimulación sensorial	• Desarrollar el esquema corporal
	Percepción espacio-temporal	• Ejercitar la motricidad fina
	Esquema corporal	• Ejercitar la percepción táctil
Área cognitiva	Atención y concentración	• Mejorar la planificación anticipada de las tareas
	Categorización	
	Memoria	
	Lenguaje y comunicación	
Área socio-afectiva	Presentación	
	Actividad	
	Despedida y relajación	
	Juegos de mesa	

TROTAMUNDOS

El objetivo del juego es que el RI realice las acciones preestablecidas en cada uno de los puntos de un circuito.

Colocaremos cuatro conos en el suelo, en forma de cuadrado. En cada uno de ellos habrá una consigna. Una vez memorizadas las consignas, el RI realizará el circuito, de ser posible, sin la ayuda del PI.

Actividades que se pueden realizar en cada uno de los puntos del circuito:

– Tocar una parte del cuerpo del perro: cabeza, barriga, cruz, hocico, etc.
– Realizar una acción con el perro: acariciar, cepillar, besar, abrazar
– Pedir una habilidad al perro, con ayuda del dado de habilidades o de forma espontánea
– Realizar una actividad libre
– Imitar los animales que indique el perro
– Una combinación de todas estas actividades

El RI recorrerá el circuito junto con el perro, a distintas velocidades, sin la ayuda del PI, con el fin de mejorar la memoria

COMANDOS PARA EL PERRO	MATERIAL
• Permanecer quieto • Caminar al lado	• Conos • Láminas de habilidades • Cepillos • Plato de comida • Plato de agua

	Coordinación motora	Objetivos
Área psicomotriz	Estimulación sensorial	• Ejercitar la coordinación dinámica global
	Percepción espacio-temporal	• Desarrollar el esquema corporal
	Esquema corporal	• Inhibir la intensidad de voz
	Atención y concentración	• Adquirir o ejercitar la capacidad de imitación
Área cognitiva	Categorización	• Estimular la imaginación
	Memoria	• Enriquecer el vocabulario
	Lenguaje y comunicación	• Practicar la lectura
	Presentación	• Mejorar la planificación anticipada de las tareas
Área socio-afectiva	Actividad	• Experimentar el placer por la sensación de logro
	Despedida y relajación	
	Juegos de mesa	

CARICIAS SENSORIALES

El objetivo del juego es que el RI perciba las distintas sensaciones que le brinda el perro por medio del tacto y adquiera mayor confianza con él.

Situaremos al perro en una postura apropiada para favorecer el acercamiento del RI y facilitaremos que éste exprese su afecto a través de caricias.

Para empezar, observaremos las distintas partes del cuerpo del perro y las compararemos con el cuerpo humano.

Luego, colocaremos las manos del RI sobre distintas partes del cuerpo del perro con el fin de percibir las distintas sensaciones táctiles, de texturas, de temperaturas...

A medida que el RI las descubra, con ayuda o sin ella, le acompañaremos a verbalizar lo que siente.:

– sensación suave: pelo, diferencia de pelo de orejas y de cola.
– sensación áspera: almohadillas
– sensación húmeda: nariz
– sensación de temperatura: vientre
– sentir los latidos del corazón

Variaciones:

– Luego de establecer una buena relación de confianza entre el RI y el perro, podemos tapar sus ojos y apoyar su mano en una determinada parte del cuerpo del perro. El RI deberá distinguir mediante el tacto de qué parte se trata.

COMANDOS PARA EL PERRO	MATERIAL
• Echarse • Tumbarse • Permanecer quieto	• Antifaz

Área psicomotriz	Coordinación motora	Objetivos
	Estimulación sensorial	• Ejercitar la percepción táctil y olfativa
	Percepción espacio-temporal	• Ejercitar la percepción y la discriminación auditiva
	Esquema corporal	• Desarrollar el esquema corporal
Área cognitiva	Atención y concentración	• Desarrollar y controlar la fuerza muscular
	Categorización	• Establecer correspondencias entre objetos
	Memoria	• Reconocer las partes de un todo
	Lenguaje y comunicación	• Desarrollar el sentido de la observación
Área socio-afectiva	Presentación	• Favorecer el reconocimiento táctil
	Actividad	• Crear un clima acogedor sin ansiedades
	Despedida y relajación	
	Juegos de mesa	

EL PERRO PUNTEADO

El objetivo del juego es que el niño realice un trabajo manual junto con el perro.

Colocaremos al perro tumbado y quieto sobre una mesa. El RI estará sentado frente a él.

El perro tendrá escondidos debajo de su pelaje unos lápices que el RI utilizará para dibujar. Cada vez que termine con un lápiz, antes de volver a tomar otro, deberá dejar el que utilizó en el mismo lugar donde lo encontró.

Podrá hacer un dibujo:

– libre
– de sí mismo junto al perro
– de su familia con sus mascotas
– de un perro, uniendo los puntos preimpresos en la hoja

Variante:

– El RI coloreará un dibujo de un perro. Colocaremos un par lápices de colores distintos debajo de cada una las partes del cuerpo del perro. El terapeuta lanzará el dado de las partes del cuerpo y según la que salga, el RI sacará un lápiz de esa zona y lo utilizará para pintar.

COMANDOS PARA EL PERRO

• Echarse
• Permanecer quieto

MATERIAL

• Papel
• Lápices de colores
• Dado de las partes del cuerpo

Área psicomotriz	Coordinación motora	Objetivos
	Estimulación sensorial	• Ejercitar la motricidad fina
	Percepción espacio-temporal	• Favorecer la autoestima • Reconocer diferentes partes de un todo
	Esquema corporal	
Área cognitiva	Atención y concentración	• Expresar los sentimientos: tristeza, alegría, enfado
	Categorización	• Mejorar la comprensión oral • Estimular la socialización
	Memoria	• Estimular la interacción grupal y la comunicación
	Lenguaje y comunicación	• Ejercitar la percepción táctil
Área socio-afectiva	Presentación	
	Actividad	
	Despedida y relajación	
	Juegos de mesa	

AROS MUSICALES

El objetivo del juego es que el RI preste atención a la interrupción de los estímulos auditivos y pueda seguir las consignas del PI.

Colocaremos por el aula unos conos de colores repartidos al azar. A continuación, le daremos a cada RI un aro de color. Mientras suene la música, deberá circular libremente por el aula junto con el perro, pero en el momento en que esta se interrumpa, deberá colocar rápidamente el aro en un cono del mismo color, siempre acompañado por el perro.

Podemos establecer una pequeña competencia entre los RI, para probar quién es el primero en introducir el aro en el cono. El ganador obtendrá un premio escondido debajo del cono y se lo dará a su perro. Si el perro tiene la habilidad de colocar los aros en los conos, se puede introducir esta variante; el RI lo guiará hacia el cono correcto.

En el caso de que tengamos sólo un perro, el primero en colocar el aro correctamente llevará al perro de la correa en la próxima partida.

Variantes:

– Los conos pueden simbolizar resultados matemáticos. El terapeuta planteará una operación aritmética y el RI deberá colocar el aro en el cono correcto, según el resultado.

– Buscar la pareja de un objeto que tendrá el RI (por ejemplo, un tenedor), escondido bajo los conos (por ejemplo, un cuchillo).

– Cada vez que deje de sonar la música, se abrazarán con un compañero.

COMANDOS PARA EL PERRO	MATERIAL
• Llevar un objeto con la boca	• Aros
• Caminar al lado	• Conos
• Dejar el aro en el cono	• Música

		Objetivos
Área psicomotriz	Coordinación motora	
	Estimulación sensorial	• Ejercitar la percepción auditiva y el ritmo
	Percepción espacio-temporal	• Adquirir o ejercitar la noción del espacio y dirección
	Esquema corporal	• Prestar atención a las órdenes
Área cognitiva	Atención y concentración	• Mejorar la comprensión oral
	Categorización	• Adquirir o ejercitar la noción de los colores
	Memoria	• Experimentar el placer por la sensación del logro
	Lenguaje y comunicación	• Estimular la escucha activa
Área socio-afectiva	Presentación	• Trabajar conceptos matemáticos
	Actividad	
	Despedida y relajación	
	Juegos de mesa	

BUM, BUM

El objetivo del juego es que el RI tolere el contacto con el perro e interactúe con él, siguiendo las consignas del PI.

Se ubicará al perro en posición de tumbado, con sus cuartos traseros lo más próximos al RI que sea posible.

Favoreceremos que el RI aproxime sus manos hacia el pelaje del animal y posteriormente las apoye sobre él.

En el caso de que el RI se sienta angustiado, realizaremos el acercamiento de forma lenta, inculcándole confianza en el perro. Una vez que disminuya su estado de ansiedad, continuaremos con la actividad.

Cuando suene una canción rítmica infantil, como la del título de este ejercicio, el RI deberá acariciar el lomo, palmearlo suavemente, rascarlo o simplemente mantener el contacto con el perro. Cuando la canción finalice o se interrumpa, deberá efectuar una consigna previamente convenida entre ambos; por ejemplo:

- Colocar un aro por la cabeza del perro
- Dar un premio al perro
- Coleccionar premios en un bote para dárselos luego
- Colocar una etiqueta autoadhesiva o pinza sobre una parte determinada del cuerpo.

Si el RI deja de tocar al perro mientras suena la canción, deberá pagar con una prenda:

- Dará una vuelta alrededor del perro
- Hará el movimiento que el perro le indique con un target a las láminas de movimientos.

COMANDOS PARA EL PERRO	MATERIAL
• Echarse • Permanecer quieto	• Láminas de movimiento • Premios • Cuenco • Aros • Pinzas

		Objetivos
Área psicomotriz	Coordinación motora	• Fomentar la confianza en el perro de terapia
	Estimulación sensorial	• Incrementar la autoestima
	Percepción espacio-temporal	• Ejercitar la motricidad fina
	Esquema corporal	• Ejercitar la percepción auditiva y el ritmo
Área cognitiva	Atención y concentración	• Desarrollar y controlar la fuerza muscular
	Categorización	• Prestar atención a las órdenes
	Memoria	• Experimentar el placer por la sensación de logro
	Lenguaje y comunicación	• Memoria a corto plazo
Área socio-afectiva	Presentación	
	Actividad	
	Despedida y relajación	
	Juegos de mesa	

LA COLA DEL PERRO

El objetivo del juego es hacer que el RI coloque sobre un dibujo, con los ojos cerrados, la cola al perro.

Para conseguir la cola, el RI deberá tomar la pelota que le traiga el perro con la boca.

Luego, seguirá la consigna que indique el terapeuta y la lanzará dentro de un cesto:

- del mismo color que la pelota
- de color distinto
- marcado con un número determinado
- de la forma geométrica indicada
- que represente la respuesta a una adivinanza.

Luego, mandará al perro a buscar la pelota pero éste, en cambio, traerá una cola en su boca para que el RI la pueda colocar sobre el dibujo. Con los ojos cerrados, el RI caminará junto con el perro por un circuito de relativa dificultad hasta llegar a la lámina para colocar la cola en su lugar.

Variante:

- Podemos colgar en la pared láminas con imágenes de perros de distintas razas a las que recortaremos la cola. Por otro lado, en un cesto, colocaremos las colas correspondientes. El RI deberá colocar las distintas colas que le traiga el perro en la lámina correspondiente

COMANDOS PARA EL PERRO	MATERIAL
• Sentarse	• Pelotas de colores
• Permanecer quieto	• Cestos
• Dar un objeto en la mano	• Láminas de perros sin cola
• Llevar un objeto con la boca	• Colas
• Permanecer de pie	• Antifaz
• Target de dirección	

	Coordinación motora	Objetivos
Área psicomotriz	Estimulación sensorial	• Ejercitar la motricidad gruesa
	Percepción espacio-temporal	• Ejercitar la motricidad fina
		• Adquirir o ejercitar la noción de los colores y tamaños
	Esquema corporal	• Adquirir o ejercitar la noción de formas geométricas
Área cognitiva	Atención y concentración	• Estimular la escucha activa
	Categorización	• Asociacion: Estimular la cooperación grupal
	Memoria	• Experimentar el palcer por la sensación de logro
	Lenguaje y comunicación	• Experimentar el palcer de adivinar
Área socio-afectiva	Presentación	
	Actividad	
	Despedida y relajación	
	Juegos de mesa	

¿DE DÓNDE VIENE ESTE SONIDO?

El objetivo del juego es que el RI identifique el punto de emisión sonora.

Para ello, situaremos al RI en un lugar de la sala. Haremos que el perro se desplace y ladre en determinados momentos.

Cada vez que el perro emita un sonido, el RI deberá indicar de dónde proviene. Si lo adivina, el perro se aproximará a él, para que le dé un premio o le haga una caricia.

Variantes:

– Mostraremos al RI unas láminas de perros en distintas situaciones anímicas. Una vez identificadas las situaciones, le pasaremos una grabación de vocalizaciones caninas para que el RI las empareje.

– Jugar a pasar la pelota sonora al perro: el RI lanzará, rodando por el suelo, una pelota sonora al perro. A continuación, el perro la agarrará con la boca y la dejará caer al suelo para que vuelva hacia el RI. Éste, con los ojos cerrados, deberá tomar la pelota con las manos.

– Si tenemos varios perros, los colocaremos a las espaldas del RI y por turnos los haremos ladrar. El RI deberá identificar cada ladrido con un perro.

COMANDOS PARA EL PERRO	MATERIAL
• Ladrar	• Pelota sonora
• Soltar el objeto al suelo	• Antifaz
• Coger el objeto	• Láminas de perros en distintas
• Permanecer quieto	situaciones
• Sentarse	
• Target de dirección	

		Objetivos
Área psicomotriz	Coordinación motora	• Ejercitar la percepción auditiva y el ritmo
	Estimulación sensorial	
	Percepción espacio-temporal	• Ejercitar la motricidad gruesa
	Esquema corporal	• Ejercitar la motricidad fina
Área cognitiva	Atención y concentración	• Ejercitar la percepción y la discriminaciónauditiva
	Categorización	• Ejercitar la orientación espacial
	Memoria	• Ejercitar la orientación temporal
	Lenguaje y comunicación	• Estimular la interacción corporal y el contacto corporal
Área socio-afectiva	Presentación	• Saber escuchar
	Actividad	• Explorar distintos lenguajes
	Despedida y relajación	
	Juegos de mesa	

BUSCAR SETAS

Colocaremos setas de colores distribuidas sobre el suelo. Debajo de cada seta, esconderemos el material con el que los RI trabajarán.

Por turnos, cada participante deberá girar una ruleta o lanzar un dado de colores. Comenzará a recorrer las setas del color correspondiente, siguiendo un circuito preestablecido o de forma aleatoria, pero siempre ignorando las otras setas. Recorrerá el circuito junto con un perro.

Al llegar a la seta correspondiente, el perro se sentará a la espera de la actividad que le proponga el RI.

Debajo de cada seta, habrá diversos utensilios tanto para uso del perro como de la persona. El RI deberá realizar una acción acorde al elemento que encuentre. Por ejemplo:

- Cepillo de perro: cepillar al perro.
- Cepillo o peine humano: peinarse.
- Plato y bote de pienso: dar de comer al perro.
- Plato y cubiertos: tender la mesa.
- Plato y botella de agua: dar de beber al perro.
- Vaso y botella de agua: beber.
- Espuma de baño para perro: bañar al perro.
- Gel y esponja: imitar la acción de ducharse.

Variante:

- Debajo de cada seta el RI encontrará una lámina. Deberá pedirle al perro que le acerque los utensilios necesarios para realizar la acción ilustrada en la lámina.

COMANDOS PARA EL PERRO	MATERIAL
• Permanecer quieto	• Setas de colores variados
• Permanecer de pie	• Material de higiene para el perro
• Traer el objeto	• Material de higiene para las
• Junto	personas
• Sentarse	• Juguetes para el perro
• Discriminación de objetos	• Juguetes
	• Ruleta o dado de colores
	• Láminas de acciones

		Coordinación motora	Objetivos
Área psicomotriz		Estimulación sensorial	• Ejercitar la motricidad fina
		Percepción espacio-temporal	• Aprender los nombres
		Esquema corporal	• Ejercitar la coordinación óculo-manual
Área cognitiva		Atención y concentración	• Ejercitar la percepción visual
		Categorización	• Prestar atención al movimiento del otro
		Memoria	• Desarrollar el lenguaje: expresión y comprensión
		Lenguaje y comunicación	• Desarrollar la interacción social
Área socio-afectiva		Presentación	• Garantizar la simetría del grupo, dando a todos el mismo tiempo
		Actividad	• Aprender y respetar las normas sociales
		Despedida y relajación	
		Juegos de mesa	

PREMIOS A DISTANCIA

El objetivo del juego es que el RI dé de comer al perro en forma precisa y delicada, acercándose cada vez más a él.

La entrega de premios puede resultar para el RI un desafío al que haya que dedicarle cierto trabajo. Se debe realizar de forma segura y paulatina, con el fin de reafirmar la autoestima y la confianza del RI con el perro.

Ubicaremos al perro sentado, a cierta distancia, y le ofreceremos el premio al RI para observar si está dispuesto a hacer la entrega. Trabajaremos respetando su voluntad, desde ese punto hacia delante.

A partir de la disposición que presente el RI, elegiremos el ejercicio:

1- El RI lanzará el premio para que el perro se lo coma del suelo.

2- Utilizará un instrumento para acercar el premio al perro. Puede ser la palma de la mano del PI o un elemento de superficie rígida.

- El RI pondrá el premio sobre la palma de la mano del PI, quien le dará de comer al perro verbalizando cuánto le agrada recibir el premio.
- El RI pondrá el premio sobre la palma de la mano del PI y acercará con su mano la del PI hacia la boca del perro.
- El PI colocará su mano debajo de la boca del perro. El RI depositará el premio en la palma de la mano del PI, para que el perro se lo coma.

COMANDOS PARA EL PERRO

- Sentarse
- Permanecer quieto
- Pedir
- Premio a la orden

MATERIAL

- Premios
- Bandeja o plato

	Coordinación motora	Objetivos
Área psicomotriz	Estimulación sensorial	• Ejercitar la motricidad gruesa
	Percepción espacio-temporal	• Ejercitar la coordinación óculo-manual
	Esquema corporal	• Ejercitar la percepción táctil
	Atención y concentración	• Ejercitar la percepción olfativa
Área cognitiva	Categorización	• Adquirir o ejercitar la noción de número: cantidad
	Memoria	• Disminuir la sensibilización
	Lenguaje y comunicación	• Aumentar la autoestima
	Presentación	• Experimentar la sensación de logro
Área socio-afectiva	Actividad	
	Despedida y relajación	
	Juegos de mesa	

El objetivo del juego es que el RI entregue los premios al perro de forma más directa y estrecha.

Seguiremos el procedimiento del ejercicio "Premios a distancia", realizaremos una entrega paulatina y cada vez más próxima entre el RI y el perro.

La entrega del premio se efectuará:

1- Sobre la palma de la mano del RI, con la ayuda del PI o sin ella.
2- Utilizando distintas partes del cuerpo del RI: piernas, brazos, etc.
3- Con utensilios directos: cuchara, pinza, etc.
4- Formando una pinza con la mano del RI

El RI tendrá contacto directo con la saliva del perro y esto le puede producir desagrado. Es un aspecto que debe de tenerse en cuenta y trabajar con él para poder continuar con la terapia.

Variantes:

– La entrega se puede ser previa o posterior a una actividad o como actividad propiamente dicha.

– Se pueden introducir los conceptos numéricos al entregar un cierto número de premios.

– Podemos pedir que el RI observe en qué recipiente escondemos el premio y que luego lo encuentre.

COMANDOS PARA EL PERRO	MATERIAL
• Sentarse	• Premios
• Premio a la orden	• Cubiletes
• Tocar con la pata o el hocico	
• Permanecer quieto	

Área psicomotriz	Coordinación motora	Objetivos
	Estimulación sensorial	• Ejercitar la motricidad fina
	Percepción espacio-temporal	• Ejercitar la coordinación óculo-manual
	Esquema corporal	• Adquirir o ejercitar la noción de número: cantidd
Área cognitiva	Atención y concentración	• Adquirir o ejercitar la noción de los colores
	Categorización	• Experimentar el placer por la sensación de logro
	Memoria	• Experimentar el placer de adivinar
	Lenguaje y comunicación	• Disminuir la sensibilización
Área socio-afectiva	Presentación	• Tiempo de espera
	Actividad	
	Despedida y relajación	
	Juegos de mesa	

FELICIDADES

El objetivo del juego es que el RI exprese de qué manera prefiere que lo feliciteante una tarea cumplida o una acción correcta.

Para ello, el PI ubicará al perro en el suelo o sobre una mesa —en función de la disponibilidad de los RT—, en posición de tumbado o echado. El RI y el PI se colocarán a su alrededor, para favorecer el contacto con él y para lograr un clima relajado en el que iniciar una conversación.

El PI comenzará a relatar cosas buenas y bonitas que hace el perro durante el día con láminas de soporte o sin ellas, y le preguntará al RI cómo cree que le gusta al perro que le feliciten.

– Con una consigna verbal
– Con una caricia
– Con su juguete preferido
– Con un sonido asociado a la comida (clicker)
– Con comida

Mientras tanto, el perro se mantendrá tumbado, y recibirá los mimos y las caricias del RI.

A continuación, los RI, con o sin la ayuda del PI, indicarán de qué modo les agrada que los gratifiquen.

Después, se llevará la conversación a la práctica: cada vez que el perro ejecute una tarea correctamente, el RI lo premiará oportunamente.

Lo mismo ocurrirá cuando el RI realice ciertas acciones o habilidades: sus compañeros o el PI lo gratificarán de la manera en que él prefiera o que se desee estimular.

Variaciones:

– Con el mismo ejercicio, se podría trabajar la forma de reprimir ciertas acciones o comportamientos. Plantear de qué manera prefiere el perro que le digan las cosas cuando realiza algo incorrectamente, cómo lo hace el PI. A continuación, se invitará al RI a exponer sus puntos de vista.

COMANDOS PARA EL PERRO	MATERIAL
• Echarse	• Láminas de acciones
• Permanecer quieto	• Láminas de habilidades
• Habilidades	• Premios
	• Clicker

		Objetivos
Área psicomotriz	Coordinación motora	
	Estimulación sensorial	• Expresar los sentimientos: trsiteza, alegría, enfado
	Percepción espacio-temporal	• Expresar las fantasías
	Esquema corporal	• Expresar la personalidad
Área cognitiva	Atención y concentración	• Ejercitar la práctica de la escucha y de la observación dirigida a cada uno, respentando los tiempos y evitando interferencias
	Categorización	
	Memoria	• Experimentar la desinhibición
	Lenguaje y comunicación	
Área socio-afectiva	Presentación	
	Actividad	
	Despedida y relajación	
	Juegos de mesa	

DESCRIBIR Y BUSCAR

El objetivo es que el RI identifique unos objetos con sus fotos respectivas y luego los utilice correctamente.

Dispondremos de dos cajas: una, contendrá los elementos con los que queremos trabajar y la otra, fotos de esos mismos elementos.

El perro extraerá una foto de la caja y se la entregará al RI para que la observe, la describa y nombre el objeto fotografiado.

A continuación, el RI, con los ojos abiertos o cerrados, introducirá sus manos en la caja correspondiente y, por medio del tacto, buscará el objeto de la foto.

Si la elección es la correcta, podrá utilizarlo para interactuar con el perro.

Si la elección es incorrecta, le dará el objeto al perro para que éste lo deje de nuevo dentro de la caja.

Variantes:

- Emparejar fotos con siluetas de utensilios. Si la elección es acertada, el RI tomará el objeto real para interactuar con el perro.

- Al finalizar la sesión, el RI recordará los elementos que se han utilizado y por cada acierto el perro se ganará un premio.

- El perro traerá un objeto de la vida diaria. El RI lo describirá y lo utilizará para mostrarle al perro cómo se usa.

COMANDOS PARA EL PERRO	MATERIAL
• Coger el objeto • Soltar el objeto al suelo	• Cubos • Material en 3D • Fotos del material

Área psicomotriz	Coordinación motora	Objetivos
	Estimulación sensorial	• Reconocimiento de objetos
	Percepción espacio-temporal	• Ejercitar la percepción táctil
	Esquema corporal	• Adquirir o ejercitar la capacidad de simbolización
Área cognitiva	Atención y concentración	• Reconocer los objetos
	Categorización	• Establecer correspondencias entre objetos
	Memoria	• Estimular la imaginación
	Lenguaje y comunicación	
Área socio-afectiva	Presentación	
	Actividad	
	Despedida y relajación	
	Juegos de mesa	

LA PAREJA DEL CESTO

El objetivo del juego es que el RI empareje los objetos según las consignas del PI.

Al iniciar la sesión, el perro de terapia le mostrará al RI todos los objetos que lleva dentro de un cesto (parejas de objetos idénticos en su función pero distintos en tamaño, forma o color) y luego, con la ayuda del PI o sin ella, trabajarán verbal y visualmente con cada uno de ellos.

A continuación, colocarán en otro cesto un objeto de cada una de las parejas.

Luego, el perro traerá un objeto al RI y éste, con los ojos cerrados, deberá encontrar el par correspondiente dentro del cesto.

Una vez que ha conseguido unir todas las parejas, el RI le explicará al perro, que estará sentado a su lado, toda la información que tenga sobre el objeto y la forma en que se utiliza.

Variantes:

– El RI podrá emparejar los objetos estando todos ellos expuestos.

– El RI podrá emparejar los objetos sin haberlos observado previamente.

– El RI podrá emparejar los objetos que tengan la misma función pero distinta forma.

– Podemos intercambiar los roles: el RI le mostrará un objeto al perro y este le traerá la pareja correspondiente

COMANDOS PARA EL PERRO	MATERIAL
• Sentarse • Echarse • Permanecer quieto • Coger el objeto • Soltar el objeto al suelo • Dar un objeto en la mano • Llevar un objeto con la boca	• Parejas de distintos objetos • Cestos

		Objetivos
Área psicomotriz	Coordinación motora	
	Estimulación sensorial	• Adquirir o ejercitar la capacidad de concentración
	Percepción espacio-temporal	• Adquirir o ejercitar la noción de tamaños, formas y texturas
	Esquema corporal	• Trabajar las habilidades de la vida diaria
Área cognitiva	Atención y concentración	• Favorecer el seguimiento del objeto
	Categorización	• Mejorar la expresión y la comprensión del lenguaje
	Memoria	• Enriquecer el vocabulario
	Lenguaje y comunicación	
Área socio-afectiva	Presentación	
	Actividad	
	Despedida y relajación	
	Juegos de mesa	

CARRERA DE CROQUETAS

El objetivo del juego es que el RI ruede por sobre materiales de diferentes texturas.

Se le mostrará al RI cómo rueda el perro ante la orden de "croqueta". A continuación, se le enseñará al RI cómo dar la orden para que el perro le obedezca.

Una vez que el RI le haya ordenado al perro que ruede por sobre distintas texturas (hierba, una colchoneta, arena, gres...), será el turno del perro. Este se ubicará sobre la superficie sobre la que quiere que ruede el RI. A la señal del ladrido, el RI empezará a rodar tantas veces como le indiquen.

El número de "croquetas" lo marcará:

- el número de ladridos del perro,
- el número que se obtenga de un dado,
- continuará hasta que el PI o el perro den una señal o hasta donde lo esté esperando el perro en posición de tumbado.

Cuando ambos hayan rodado por las distintas superficies, se realizará una carrera entre el RI y el perro, quienes rodarán juntos por el suelo hasta una meta.

COMANDOS PARA EL PERRO	MATERIAL
• Croqueta	• Suelos de distintas texturas
• Sentarse	• Dado numérico
• Echarse	• Lámina con la habilidad de
• Ladrar	"croqueta"

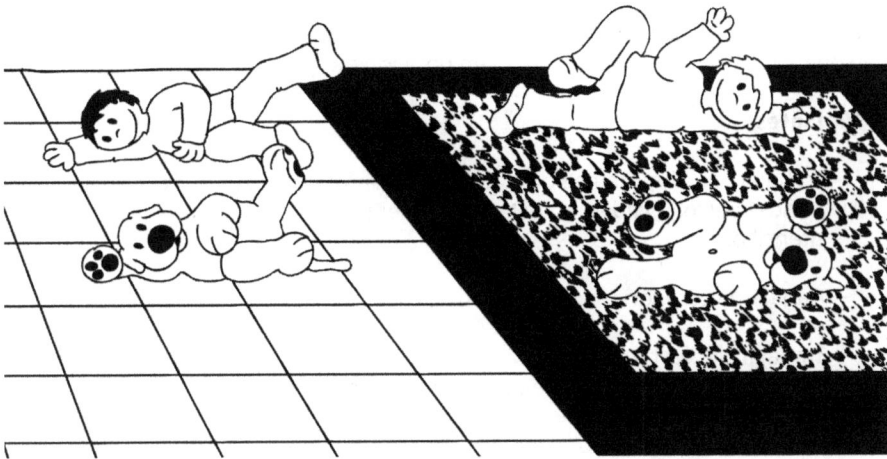

	Coordinación motora	Objetivos
Área psicomotriz	Estimulación sensorial	• Ejercitar la motricidad gruesa
	Percepción espacio-temporal	• Ejercitar la percepción sensorial • Ejercitar la orientación espacial
	Esquema corporal	• Ejercitar el equilibrio
Área cognitiva	Atención y concentración	• Imitar los movimientos: control y dominio del cuerpo
	Categorización	• Prestar atención al movimiento del otro
	Memoria	• Adquirir o ejercitar la capacidad de imitación
	Lenguaje y comunicación	• Adquirir o ejercitar la noción de número: cantidad
Área socio-afectiva	Presentación	
	Actividad	
	Despedida y relajación	
	Juegos de mesa	

DE PASEO

El objetivo de este juego es que la persona interactúe con el perro en un ambiente relajado. **Esta actividad puede ser el refuerzo para el receptor de la terapia luego de realizar correctamente una consigna.**

Hay una serie de pasos que deben seguirse antes de ir a pasear con el perro: cepillarlo y vestirlo con su peto, colocarle el collar y enganchar la correa.

Cada uno de los objetos involucrados en estas actividades previas al paseo puede ser obtenido fácilmente, ya sea que el destinatario de la terapia los deba ir a buscar en un lugar concreto o que le pida al perro que se los traiga.

El perro se mantendrá quieto mientras lo preparan y luego saldrá con la persona a pasear. Caminará a su lado en posición de "junto".

Variantes:

– Trabajar la discriminación y enumeración de los colores. Se trabajará con varios perros: cada uno estará representado por un color, al igual que sus utensilios.

– Trabajar la categorización de distintos materiales.

– Trabajar la lectura a la hora de escoger al perro que deseamos pasear y para dentificar el cesto que contiene todos sus elementos.

– El RI obtendrá, por medio de acciones o respuestas a consignas, las distintas partes de la correa CTAC. Cuando logre completar la correa, podrá sacar a pasear al perro.

COMANDOS PARA EL PERRO

- Permanecer de pie
- Sentarse
- Echarse
- Permanecer quieto
- Traerun objeto
- Dar un objeto
- Caminar al lado

MATERIAL

- Cepillos
- Material para vestir
- Collares de diferentes tipos
- Correas de diferentes tipos
- Correa CTAC
- Dados de colores
- Dado de fotos/nombres

	Coordinación motora	Objetivos
Área psicomotriz	Estimulación sensorial	• Reducir la ansiedad
	Percepción espacio-temporal	• Favorecer el vínculo afectivo entre la persona y el perro
	Esquema corporal	• Realizar más actividad física de forma regular
Área cognitiva	Atención y concentración	• Ejercitar la motricidad gruesa
	Categorización	• Ejercitar la motricidad fina
	Memoria	• Ejercitar el equilibrio
	Lenguaje y comunicación	• Desarrollar la capacidad de secuenciación
Área socio-afectiva	Presentación	• Favorecer las relaciones sociales
	Actividad	• Aumentar la autoestima
	Despedida y relajación	• Disfrutar del tiempo de ocio
	Juegos de mesa	

El objetivo de la actividad es estimular la percepción auditiva del RI.

Para empezar, asociaremos los sonidos de diferentes instrumentos (pandereta, campana o sonajero) con distintos tipos de marcha: andar, correr y detenerse.

Una vez que el RI comprenda la asociación, le daremos la consigna de que em-piece a pasear con el perro por delante del PI y, al mismo tiempo, que preste atención al sonido que emita el PI para saber si debe correr, andar o detenerse.

Variantes:

— Podemos hacer música con un solo instrumento pero variando la velocidad, de más rápido a más lento.

— El PI puede asociar previamente los colores de aros con un determinado sonido. En función del sonido que ejecute el PI, el RI deberá agarrar el aro de ese color y hacer que el perro lo atraviese saltando.

— Antes de iniciar la sesión, el PI puede asociar un objeto o un número a un determinado sonido. Según el sonido que ejecute el PI, el RI deberá agarrar el objeto correspondiente e interactuar con el perro o bien darle tantos premios como indique el número asociado.

COMANDOS PARA EL PERRO	MATERIAL
• Caminar al lado	• Instrumento musical
• Marcha	• Aros de distintos colores
• Correr	
• Stop	
• Saltar	

		Objetivos
Área psicomotriz	Coordinación motora	• Estimulación auditiva
	Estimulación sensorial	• Favorecer saber escuchar
	Percepción espacio-temporal	• Ejercitar la motricidad gruesa
	Esquema corporal	• Ejercitar la percepción auditiva y el ritmo
Área cognitiva	Atención y concentración	• Desarrollar o evaluar la memoria a corto plazo
	Categorización	• Reconocer visualmente los números
	Memoria	• Ejercitar el placer de movimiento
	Lenguaje y comunicación	
Área socio-afectiva	Presentación	
	Actividad	
	Despedida y relajación	
	Juegos de mesa	

El objetivo de la actividad es reducir la sensibilidad a distintas texturas.

Repartiremos por la sala un determinado número de conos o setas. Sobre cada uno de ellos el PI habrá colocado un material de una textura particular como podría ser papel de lija, un bote de crema, un rodillo de lana, etc.

Debajo del cono se colocará un objeto para que el RI pueda interactuar con el perro, por ejemplo, un cepillo, una pelota, un plato de alimento.

Entonces, el RI caminará entre los conos, acompañado por el perro. Cada vez que llegue a uno de ellos, el perro se detendrá y se tumbará para que el RI tome el objeto que está encima del cono y lo manipule.

Si la maniobra es satisfactoria, el RI podrá levantar el cono para identificar el objeto (con los ojos abiertos o cerrados) y luego, tras nombrarlo, lo utilizará con el perro.

Variantes:

— Con el perro en posición de tumbado, el RI acariciará el cuerpo del perro para identificar distintas texturas en él. Por ejemplo:

- La nariz está fría y húmeda.
- La barriga es suave y calentita.
- Las almohadillas son duras y rasposas, etc.

COMANDOS PARA EL PERRO	MATERIAL
• Sentarse	• Conos
• Echarse	• Objetos de distintas texturas
• Caminar al lado	• Objetos para interactuar con el
• Permanecer quieto	perro

		Objetivos
Área psicomotriz	Coordinación motora	
	Estimulación sensorial	• Ejercitar la motricidad fina
	Percepción espacio-temporal	• Ejercitar la coordinación óculo-manual
	Esquema corporal	• Ejercitar la percepción táctil
Área cognitiva	Atención y concentración	• Ejercitar la percepción gustativa
		• Ejercitar la percepción olfativa
	Categorización	• Reconocer los objetos
	Memoria	• Desarrollar la función simbólica
	Lenguaje y comunicación	• Enriquecer el vocabulario
Área socio-afectiva	Presentación	• Favorecer el reconocimiento táctil
	Actividad	• Experimentar el placer del dominio sobre el objeto
	Despedida y relajación	
	Juegos de mesa	

El objetivo de la actividad es que el RI retenga una determinada información para luego poder vestirse.

El RI junto con el perro se desplazará por un circuito formado por cuatro conos. En el primer cono, encontrará cuatro pelotas de colores distintos y el perro elegirá una de ellas. De esta forma quedará determinado un color; por ejemplo, el rojo.

Luego, continuará hasta el siguiente cono, donde encontrará cuatro piezas de ropa. El receptor de la terapia deberá escoger la prenda que se corresponda con el mismo color de la pelota; por ejemplo, unos calcetines rojos.

A continuación, irá hacia el tercer cono, donde encontrará cuatro cartas que representen cuatro partes del cuerpo distintas y escogerá aquella en la que normalmente se pone esa pieza de vestir; por ejemplo, los pies.

Al llegar al cuarto cono, el perro se sentará al lado del terapeuta y del receptor de la terapia. El RI deberá elegir de un conjunto de cartas o sacar del bolsillo de la manta aquella carta que sea igual a la pieza de ropa que ha encontrado.

En nuestro ejemplo, deberá agarrar la carta en la que estén dibujados unos calcetines rojos. Finalmente colocará la prenda de vestir al PI o a sí mismo.

Variantes

— Realizar la elección con utensilios perrunos.

— Utilizar ropa perruna.

COMANDOS PARA EL PERRO	MATERIAL
• Coger el objeto	• Conos
• Soltar el objeto al suelo	• Piezas de ropa
• Permanecer quieto	• Pelotas
• Target de dirección	• Cartas de las partes del cuerpo
	• Manta de terapia CTAC

Área psicomotriz	Coordinación motora	Objetivos
	Estimulación sensorial	• Ejercitar la coordinación óculo-manual
	Percepción espacio-temporal	• Ejercitar la percepción táctil
	Esquema corporal	• Desarrollar el esquema corporal
Área cognitiva	Atención y concentración	• Adquirir o ejercitar la noción de de colores, tamaños
	Categorización	• Sintetizar las partes de un todo
	Memoria	• Desarrollar o evaluar la memoria a corto plazo
	Lenguaje y comunicación	• Reconocer las partes de un todo
Área socio-afectiva	Presentación	• Saber escucher y responder
	Actividad	• Enriquecer el vocabulario
	Despedida y relajación	• Establecer correspondencias entre objetos
	Juegos de mesa	

TEXTURAS DE JUGUETES

El objetivo de la actividad es que, mediante la discriminación táctil, el RI pueda jugar con el perro.

Para empezar, el PI le mostrará una pelota con unas determinadas características físicas: tamaño, peso, rugosidad, viscosidad, si vibra o no, etc. El RI, con los ojos abiertos o cerrados, deberá analizar y memorizar las características de la pelota.

A continuación, el perro le traerá al RI un saco lleno de sus pelotas favoritas. El RI introducirá su mano en el saco de los juguetes del perro e intentará encontrar, por medio del tacto, una pelota idéntica a la que el PI le mostró inicialmente. Si la elección es correcta, se la podrá lanzar al perro para que este la vaya a buscar.

Variantes:

- Colocaremos al perro en posición de tumbado junto al RI, quien, con los ojos cerrados, deberá identificar las distintas partes del cuerpo del perro mediante el tacto.

- Identificar, utilizando el sentido del tacto, el pelaje de los distintos perros de terapia.

- El RI deberá caminar descalzo junto con el perro por superficies de distintas texturas variando la velocidad. Según el grado de aprensión del RI, el perro puede llevar la iniciativa.

COMANDOS PARA EL PERRO

- Coger el objeto
- Soltar el objeto al suelo
- Dar un objeto en la mano
- Permanecer de pie
- Permanecer quieto
- Llevar un objeto en la boca

MATERIAL

- Juguete de distintas texturas o tamaños
- Cesto
- Antifaz

		Objetivos
Área psicomotriz	Coordinación motora	
	Estimulación sensorial	• Ejercitar la percepción táctil
	Percepción espacio-temporal	• Adquirir o ejercitar la capacidad de concentración
	Esquema corporal	• Adquirir o ejercitar la noción de tamaños
Área cognitiva	Atención y concentración	• Adquirir o ejercitar la noción de formas geométricas
	Categorización	• Reconocer los objetos
	Memoria	• Experimentar el placer por la sensación de logro
	Lenguaje y comunicación	
Área socio-afectiva	Presentación	
	Actividad	
	Despedida y relajación	
	Juegos de mesa	

EL JUEGO DE LAS PULGAS

El objetivo de la actividad consiste en que el RI identifique correctamente los colores.

Dispondremos de cinco botones de cuatro colores distintos que representarán a las súper pulgas. Todos ellos estarán escondidos por el cuerpo de uno de los perros de terapia. Por otro lado, el PI dispondrá de cinco pinzas de tender la ropa que representarán las dosis del antiparasitario.

El objetivo del juego es que el RI logre guardar todos los botones de colores en los cestos correspondientes a cada color antes de que el PI haya colocado las cinco pinzas al perro.

El RI lanzará un dado cuyas caras presentarán cuatro colores, más un comodín de color y el símbolo de un antiparasitario. Si sale un color, el RI deberá acercarse al perro pulgoso y sacarle una pulga de ese mismo color.

Con la pulga en la mano, antes de guardarla en el pote del color correspondiente, el usuario deberá realizar distintas acciones preestablecidas. Por ejemplo, para el color azul, decir una cosa que le agrade; para el color rojo, decir una cosa que le disguste; para el verde, comentar una cualidad suya; para el amarillo, comentar una cualidad de un compañero. Si, por el contrario, en el dado sale el antiparasitario, el TIA le colocará una pinza al perro. En el caso de que salga el comodín el PI o el RI podrán elegir el color de la pulga que quiere sacar al perro.

Si el RI logra guardar todas las pulgas en sus cestos antes que el PI le haya colocado todas las pinzas, habrá ganado el juego.

Variante:

— Se pueden trabajar distintas áreas sociales.

COMANDOS PARA EL PERRO	MATERIAL
• Echarse • Permanecer quieto	• Botones de colores • Dado de colores • Pinzas

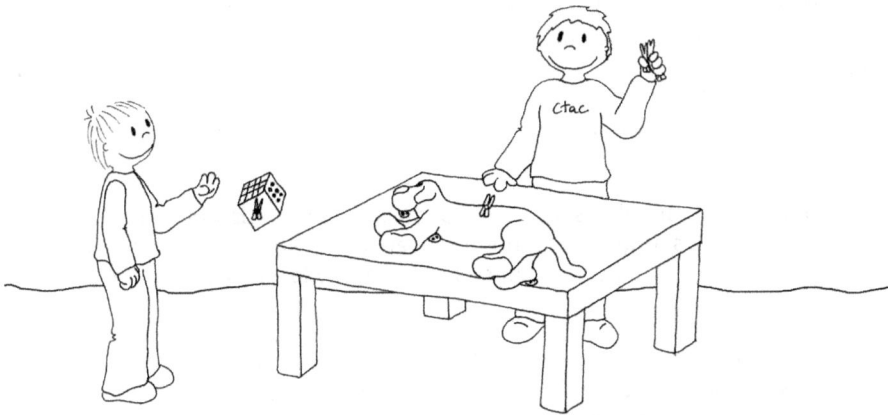

		Objetivos
Área psicomotriz	Coordinación motora	• Ejercitar la coordinación óculo-motriz
	Estimulación sensorial	• Ejercitar la motricidad fina
	Percepción espacio-temporal	• Adquirir o ejercitar la capacidad de concentración
	Esquema corporal	• Mejorar la comprensión oral
Área cognitiva	Atención y concentración	• Enriquecer el vocabulario
	Categorización	• Estimular la interacción grupal y la comunicación
	Memoria	• Aprender y respetar las normas sociales
	Lenguaje y comunicación	• Saber escuchar y responder
Área socio-afectiva	Presentación	• Experimentar el placer de adivinar
	Actividad	• Experimentar el placer por la sensación de logro
	Despedida y relajación	
	Juegos de mesa	

CONTACTO VISUAL

El objetivo del ejercicio es estimular el contacto visual y, de esta manera, favorecer la comunicación.

Para empezar, señalaremos la importancia del contacto visual entre el RI y el perro, pues permite que este entienda lo que le pedimos.

El TIA hará una pequeña demostración. Le dará una orden al perro mientras él esté mirando hacia otro lado; por lo tanto, el perro no responderá. Por el contrario, cuando ambos tengan un buen contacto visual y el TIA le dé la orden, el perro la ejecutará.

Los RI se colocarán en la línea visual del perro y, cada vez que el perro lo mire fijamente, el RI deberá cliquear. A continuación, le entregará un premio al perro.

El PI le preguntará al RI si le ha agradado la sensación de que el perro lo mire fijamente a los ojos y qué ha sentido. Luego el RI y el TIA (o dos RI) se sentarán uno frente al otro con el perro en medio de ambos, y lo acariciarán para favorecer un contacto próximo.

Cada vez que un RI mire al otro RI o al TIA, el PI cliqueará ante el contacto visual. Uno de los RI deberá describir, mirando a su compañero a los ojos, una habilidad o acción que quiera que aquél realice junto con el perro.

COMANDOS PARA EL PERRO	MATERIAL
• Permanecer quieto	• Clickers
• Premio a la orden	• Consignas
• Contacto visual	• Manta de terapia CTAC
• Permanecer de pie	
• Target de dirección	
• Habilidades varias	

	Coordinación motora	Objetivos
Área psicomotriz	Estimulación sensorial	• Disminuir la timidez y el retraimiento
	Percepción espacio-temporal	• Practicar habilidades de autocontrol
	Esquema corporal	• Practicar las habilidades sociales
Área cognitiva	Atención y concentración	• Desarrollar la capacidad de conectar con las emociones de los demás
	Categorización	• Desarrollar la habilidad de entender a los demás
	Memoria	• Aumentar la tolerancia a la frustación
	Lenguaje y comunicación	• Crear un vínculo afectivo
Área socio-afectiva	Presentación	• Aumentar el bienestar personal y social
	Actividad	
	Despedida y relajación	
	Juegos de mesa	

El objetivo de la actividad es introducir el concepto del entrenamiento y el manejo del clicker.

Después de observar un pequeño repertorio de habilidades del perro de terapia, el TIA les preguntará a los RI cómo creen que el perro las ha podido aprender. Una de las muchas respuestas será que lo han hecho mediante este pequeño aparato: el clicker.

Para empezar enseñaremos al RI lo que llamamos cargar el clicker al perro. Para ello utilizaremos el clicker. Haremos un trato con el perro diciéndole: "Cada vez que oigas «clic», te daré un premio".

Después de varias repeticiones de la secuencia clic-premio, cuando el RI considere que el perro tiene asimilada esa consigna, dará un paso hacia adelante y le dirá al perro "Cada vez que hagas bien un cosa, oirás un «clic» y recibirás un premio. Por el contrario, cada vez que hagas mal una cosa, la ignoraré y no recibirás nada". Este es un buen momento para preguntar al RI qué le gusta que le digan o le hagan cuando hace una cosa bien o una cosa mal.

Explicada la teoría, empezaremos con la práctica. El RI se colocará frente al perro, en una mano tendrá el aparato y en la otra el premio. Cuando haya contacto visual, deberá hacer sonar el clicker y le dará el premio al perro. Si le resulta complicado trabajar con las dos manos, el TIA podrá realizar alguna de las operaciones por él. Cada vez que el RI entregue el premio al perro, el TIA o el PI felicitarán al RI por cómo realiza este procedimiento.

Si hay más de un RI en la sesión, quien esté frente al perro le pedirá de forma correcta a uno de sus compañeros si puede cliquear cuando sea el momento oportuno. Por parejas, uno cliqueará y el otro le dará el premio al perro. Al final del ejercicio, ambos se felicitarán mutuamente por el trabajo bien hecho.

COMANDOS PARA EL PERRO	MATERIAL
• Premio a la orden • Permanecer quieto • Contacto visual	• Clicker

Área		Objetivos
Área psicomotriz	Coordinación motora	• Ejercitar la motricidad fina
	Estimulación sensorial	• Ejercitar la coordinación óculo-motriz
	Percepción espacio-temporal	• Ejercitar el contacto visual
	Esquema corporal	• Ejercitar la atención y focalización
Área cognitiva	Atención y concentración	• Crear un vínculo afectivo
	Categorización	• Codificación y descodificación de símbolos
	Memoria	• Precisión
	Lenguaje y comunicación	• Marcar hitos realistas por alcanzar
Área socio-afectiva	Presentación	
	Actividad	
	Despedida y relajación	
	Juegos de mesa	

El objetivo de la actividad es que el RI interactúe de forma relajada con el perro, usando el tacto.

Antes de empezar, el RI nombrará las distintas texturas del cuerpo del perro, por ejemplo:

> Hocico: húmedo, liso
> Orejas: suaves, finas
> Almohadillas: duras, rasposas
> Uñas: duras, punzantes
> Barriga: suave, caliente
> Lengua: húmeda, rasposa
> Colmillos: duros, lisos
> Belfos: húmedos, carnosos

A continuación, colocaremos al perro sobre una mesa y taparemos los ojos al RI.

Este deberá dar vueltas alrededor de la mesa hasta que oiga una palmada o un sonido acordado previamente. En ese momento, apoyará sus manos sobre el cuerpo del perro, lo tocará e inspeccionará para poder identificar qué parte está tocando.

Variantes:

- Identificación del perro: antes de empezar presentaremos a cada uno de los perros del TIA por su nombre y sus características más destacables. Luego, los colocaremos sobre una mesa, taparemos los ojos a un RI y este caminará alrededor de la mesa hasta escuchar un sonido. En ese momento, colocará sus manos sobre uno de los perros y con algunas pistas o sin ellas, adivinará de qué perro se trata. Al finalizar el ejercicio, el TIA entregará un premio a cada RI para que se lo dé al perro.

- Identificar las partes del cuerpo.

- Taparemos los ojos de un RI, mientras que otro toca un perro. El primero, mediante el tacto, deberá encontrar al perro y luego identificar a su compañero.

COMANDOS PARA EL PERRO	MATERIAL
• Echarse	• Mesa amplia
• Permanecer quieto	• Antifaz
• Target de dirección	

			Objetivos
Área psicomotriz	Coordinación motora		
	Estimulación sensorial		• Ejercitar la percepción auditiva
	Percepción espacio-temporal		• Ejercitar la percepción táctil
			• Desarrollar el esquema corporal
	Esquema corporal		• Percibir signos táctiles
Área cognitiva	Atención y concentración		• Adquirir o ejercitar la noción de tamaños
	Categorización		• Establecer correspondencias
	Memoria		• Estimular la interacción grupal y la comunicación
	Lenguaje y comunicación		• Aprender y respetar las normas sociales
Área socio-afectiva	Presentación		• Ayudar a la memoria
	Actividad		• Experimentar sentimientos de falta de visión
	Despedida y relajación		• Favorecer un clima de grupo
	Juegos de mesa		

103

El objetivo de esta actividad es que el RI conozca y perciba al perro con el sentido de la vista.

Antes de iniciar el ejercicio, el PI hablará del los órganos implicados en la vista y de su utilidad para nuestra vida cotidiana.

Se puede enriquecer la sesión hablando de las personas con discapacidad visual y de los perros de asistencia que les brindan su apoyo: los perros guía o perros lazarillos.

Ejercicio 1 : Pediremos al RI que observe atentamente al perro y describa, indique o señale en una plantilla la habilidad canina que este ha realizado frente a él.

Variante:

– Mostraremos al RI una imagen de una habilidad canina y le pediremos que en el momento en que el perro la ejecute, aplauda, cliquee o vocalice.

Ejercicio 2: Si hay más de un perro de terapia, le pediremos al RI que los observe atentamente para encontrar las diferencias entre ellos.

Ejercicio 3: El TIA realizará un circuito con el perro y el RI lo observará, para luego reproducirlo.

Ejercicio 4: Disfrazar a uno de los perros. El RI, después de observarlo atentamente, vestirá a otro siguiendo el modelo. En caso de tener un solo perro, se puede copiar la vestimenta de una foto.

COMANDOS PARA EL PERRO	MATERIAL
• Habilidades varias • Permanecer quieto • Caminar al lado • Avanzar en línea recta	• Cartas de habilidades • Prendas para vestir al perro

SIÉNTATE	ÉCHATE	TWIST
DE PIE	PATA D.	PUM
PATA I.	VEN	VERGUENZA

	Coordinación motora	Objetivos
Área psicomotriz	Estimulación sensorial	• Ejercitar la percepción espacio-visual
	Percepción espacio-temporal	• Ejercitar la percepción visual: fondo- figura
	Esquema corporal	• Adquirir o ejercitar la capacidad de concentración
Área cognitiva	Atención y concentración	• Desarrollar o evaluar la memoria visual
	Categorización	
	Memoria	• Desarrollar el sentido de la observación
	Lenguaje y comunicación	• Ejercitar la coordinación oculo-motriz
Área socio-afectiva	Presentación	• Experimentar sentimientos de falta de visión
	Actividad	
	Despedida y relajación	• Tomar conciencia de las propias capacidades y limitaciones
	Juegos de mesa	

105

EL PERRO EN TODOS LOS SENTIDOS: EL TACTO

El objetivo es que el RI perciba y describa el perro a través del tacto.

En primer lugar, el PI hablará del tacto y de las partes de nuestro cuerpo con las que podremos percibir distintas texturas. Antes de iniciar el ejercicio, el TIA deberá conocer la precepción táctil de las distintas partes de su perro. Puede realizar un listado: la trufa, húmeda y viscosa; el hocico, suave y fino; las orejas, calientes y mullidas; las almohadillas, rugosas, ásperas, mullidas, calientes, etc.

Colocaremos al perro sobre una mesa en posición de tumbado y pediremos al RI que lance el dado de las partes del cuerpo humano. Si se dispone de dos perros, el otro traerá de vuelta el dado al RI para que identifique la zona de su cuerpo con la que deberá tocar al perro: mano, brazo, labios, frente, nariz, etc.

Mediante distintos procedimientos elegiremos la parte del cuerpo del perro que el RI deberá tocar: levantar un cubilete que esconde una imagen o texto, hacer rodar una ruleta con distintos nombres, extraer una tarjeta de un mazo dispuesto en forma de abanico, que un perro traiga una tarjeta en su boca o en la BestVest de CTAC, etc.

Pediremos al RI que, al tocar la parte del cuerpo del perro elegida, describa las sensaciones que transmite o bien, escuche atentamente los comentarios del PI.

Variante:

- Dar al RI productos de higiene o cosmética aptos para perros, para que los utilice y así experimente nuevas sensaciones táctiles. Por ejemplo: champú, espuma en seco, etc.

COMANDOS PARA EL PERRO	MATERIAL
• Echarse y permanecer quieto • Dejarse manipular	• Dado interactivo CTAC • Rouleta de las partes del cuerpo • Espuma, gel,.. aptos para el perro

		Objetivos
Área psicomotriz	Coordinación motora	
	Estimulación sensorial	• Ejercitar la percepción táctil
	Percepción espacio-temporal	• Desarrollar el esquema corporal
		• Trabajar la hipersensibilidad táctil
	Esquema corporal	• Desarrollar y controlar la fuerza muscular
Área cognitiva	Atención y concentración	• Percibir signos táctiles
	Categorización	• Favorecer el reconocimiento táctil
		• Experimentar el placer de ensuciarse
	Memoria	• Experimentar el placer de adivinar
	Lenguaje y comunicación	• Practicar habilidades de autocontrol
Área socio-afectiva	Presentación	
	Actividad	
	Despedida y relajación	
	Juegos de mesa	

El objetivo de esta actividad es que el RI conozca y perciba al perro con el sentido del oído.

Antes de iniciar el ejercicio, el PI hablará del los órganos implicados en la audición y de su utilidad para nuestro día a día. Cabe la posibilidad de enriquecer la sesión hablando de las personas con discapacidad auditiva y de los perros de asistencia que les brindan su apoyo: los perros señal.

Ejercicio 1: Contar los ladridos de un perro.

Ejercicio 2: Identificar distintos estados de ánimo de los perros por medio de unas grabaciones previamente realizadas con imágenes en 2D.

Ejercicio 3: Escuchar atentamente los ruidos internos que emite el perro apoyando suavemente la oreja del RI sobre la caja torácica del animal o sobre el abdomen cuando este se encuentre tumbado en el suelo, para poder escuchar los soplidos, los ruidos peristálticos y los cardiorrespiratorios.

Ejercicio 4: Mostraremos al RI una colección de potes opacos y cerrados. Cada uno de ellos contendrá distintos materiales que, al agitar los potes, emitan un sonido característico. El PI les comentará que en uno de estos potes contiene algo que al perro le gusta mucho: los premios. Para que el RI se los pueda dar, deberá adivinar en cuál de los frascos se esconden. Después de oír e identificar el material escondido dentro de cada uno, le indicará al perro sobre cuál de ellos debe apoyar su pata. Si la elección es la correcta, el RI le entregará el premio al perro a cambio de una habilidad.

Variante:

- Dispondremos de tres vasos opacos; debajo de uno de ellos colocaremos un premio. El PI moverá los tres vasos bajo la atenta mirada del RI.

  Finalmente, el perro deberá adivinar debajo de cuál de los vasos está el premio. El RI lo lo comprobará moviendo el vaso para percibir si el premio hace ruido.

COMANDOS PARA EL PERRO	MATERIAL
• Echarse	• Potes con legumbres,monedas,..
• Permanecer quieto	• Premios
• Ladrar	• Tarjetas

Área psicomotriz	Coordinación motora	Objetivos
	Estimulación sensorial	• Ejercitar el sentido del ritmo
	Percepción espacio-temporal	• Ejercitar la percepción y la discriminación auditiva
	Esquema corporal	• Controlar la respiración
Área cognitiva	Atención y concentración	• Estimular la percepción auditiva
	Categorización	
	Memoria	
	Lenguaje y comunicación	
Área socio-afectiva	Presentación	
	Actividad	
	Despedida y relajación	
	Juegos de mesa	

El objetivo es que el RI perciba y describa al perro a través de su olfato.

En primer lugar, el PI hablará del sentido del olfato, que órganos están implicados y qué nos aporta en nuestra vida diaria. Antes de iniciar el ejercicio, el TIA deberá conocer la percepción olfativa de las distintas partes de su perro para ayudar al RI a describirlas.

Ejercicio 1: Invitaremos al RI a oler distintas partes del cuerpo del perro. Para elegir la zona que deberá oler, escogeremos el procedimiento más apropiado para cada RI con el fin de trabajar la motricidad fina, la psicomotricidad, la memoria, la aceptación, etc. Por ejemplo: levantando el pabellón auditivo, en el interior de la boca, el lomo, las almohadillas, el tronco, la cola.

Ejercicio 2: El PI esconderá un premio en una mano. El RI deberá oler ambas manos para adivinar en cuál de los dos puños está escondido el premio. Para corroborarlo, le pedirá al perro que huela ambas manos del PI y elija la mano donde se esconde el premio. Si ambos coinciden, el PI abrirá la mano; si el premio está en ella, el RI le dará el premio al perro a cambio de una habilidad. Si no, el perro le pedirá que pague una prenda al RI.

Ejercicio 3: Es interesante que el RI conozca sus propias capacidades y limitaciones y, a su vez, valore las capacidades de los demás. Pediremos al RI que encuentre a través de su olfato, con los ojos cerrados, el premio escondido. Dada la dificultad que esto puede representar, el RI podrá pedir la ayuda verbal del PI hasta hallarlo. A continuación, el RI esconderá un premio o un objeto, y el perro con su olfato deberá encontrarlo

COMANDOS PARA EL PERRO	MATERIAL
• Sentarse	• Rouleta de las partes del cuerpo
• Tocar con la pata o el hocico	• Dado o manta CTAC

Área psicomotriz	Coordinación motora	Objetivos
	Estimulación sensorial	• Ejercitar la percepción olfativa
	Percepción espacio-temporal	• Ejercitar la percepción y la discriminación olfativa
	Esquema corporal	• Adquirir o ejercitar la habilidad de concentración
Área cognitiva	Atención y concentración	• Desarrollar o evaluar la memoria olfativa
	Categorización	• Enriquecer el vocabulario
	Memoria	• Promover el autoconocimiento
	Lenguaje y comunicación	• Tomar conciencia de las propias capacidades y limitaciones
Área socio-afectiva	Presentación	
	Actividad	
	Despedida y relajación	
	Juegos de mesa	

EL PERRO EN TODOS LOS SENTIDOS: EL GUSTO

El objetivo del ejercicio es que el RI reconozca los sabores básicos como son el sabor dulce, salado, ácido y margo. Realizaremos este procedimiento incrementando paulatinamente la complejidad de la actividad; empezando por aquellos sabores que mas le agraden al RI y sucesivamente iremos aumentando el número de sabores en juego.

El RI se sentara al lado del EIA, y con el perro de terapia frente a ambos. Este a su vez se situará a lo orden del TIA, de delante del pote que contenga el alimento o sustancia que EIA le vaya a dar a probar al RI. Y así cada vez que el RI deguste un determinado sabor el perro le realizara una misma habilidad.

Vamos a explicarlo con un ejemplo. Supongamos que empezamos por un sabor dulce como por ejemplo la miel. Cuando el EIA introduzca una cuchara en un pote (identificado o no con un color) para darle a probar al RI, el perro realizará el Twist mientras que el EIA dirá "dulce".

Esta operación se realizará repetidamente y con distintos alimentos dulces hasta que el RI, cada vez que deguste un alimento dulce diga " dulce": así, si la respuesta es correcta el perro realizará la habilidad acordada previamente con el sabor dulce. Una vez alcanzada cierta destreza, introduciremos un segundo sabor y una nueva habilidad.

El juego empieza a complicarse cuando el RI con los ojos tapados deberá pronunciar en voz alta los sabores degustados al azar. Una vez abra los ojos si la respuesta es la correcta el perro le realizará la habilidad acordada; y de ser errónea el RI recibirá el apoyo visual del perro que estará sentado delante del pote (de color o no) que contiene dicho alimento.

Finalmente alcanzada la identificación de dos(o tres) sabores introduciremos un tercero (o cuarto sabor) y posteriormente jugaremos con los tres (o cuatro) sabores a la vez.

COMANDOS PARA EL PERRO	MATERIAL
· Sentarse	· 4 cuencos, de colores o sin
· Permanecer de pie	identificación
· Target de dirección	· Comida de diferentes sabores
· Habilidades varias	· Antifaz
	· Cucharas

112

Área psicomotriz	Coordinación motora	Objetivos
	Estimulación sensorial	• Ejercitar la percepción óculo-espacial
	Percepción espacio-temporal	• Ejercitar izquierda- derecha
	Esquema corporal	• Imitar los movimientos
Área cognitiva	Atención y concentración	• Adquirir o ejercitar la noción de la simetria
	Categorización	• Prestar atención a los movimientos de otros
	Memoria	• Adquirir o ejercitar la habilidad de imitación
	Lenguaje y comunicación	• Expresar sentimientos
Área socio-afectiva	Presentación	
	Actividad	
	Despedida y relajación	
	Juegos de mesa	

113

Podemos utilizar el estrecho vínculo del RI con el perro para facilitar que el RI incorpore a su dieta nuevos alimentos Para lograrlo, en una parte de la sesión retiraremos los premios caninos e introduciremos como premio en el juego el alimento que queramos trabajar con el RI: alguna fruta o verdura.

Primero, trabajaremos con objetos. El RI entregará distintos elementos a los componentes del equipo de terapia, por ejemplo, aros, piezas, etc.

Luego, con premios perrunos. El PI entregará un premio al RI, para que él mismo se lo dé al perro o para que se lo entregue a uno de los miembros del equipo, quien a su vez se lo dará al perro.

En tercer lugar, introduciremos el nuevo alimento. El PI entregará el alimento al RI, con la consigna de que se lo coma o se lo dé a uno de los miembros del equipo. Para facilitar la deglución del alimento, mientras el RI lo tenga en su boca, el PI le dará otro premio para que se lo entregue perro. Con la práctica, la secuencia entre la deglución y la entrega simultánea de un premio al perro se irá espaciando con intervalos de tiempo más amplios. Una vez que el RI tolere el nuevo alimento, se le continuará entregando durante el período de reafirmación.

Finalmente, para completar la actividad, reintroduciremos los premios caninos para que el RI se los entregue al perro cuando corresponda, mientras él come su comida forma independiente.

COMANDOS PARA EL PERRO	MATERIAL
• Sentarse • Premio a la orden • Target de dirección • Dar un objeto en la mano • Llevar un objeto con la boca	• Alimentos para incoporar a la dieta • Elementos distractores: pañuelos, aros, pelotas,...

		Objetivos
Área psicomotriz	Coordinación motora	
	Estimulación sensorial	• Ejercitar la percepción gustativa
	Percepción espacio-temporal	• Ejercitar la percepción olfativa
	Esquema corporal	• Ejercitar la percepción táctil
Área cognitiva	Atención y concentración	• Prestar atención a las órdenes de otro
	Categorización	• Aprender los nombres de los participantes
	Memoria	• Mejorar la comprensión oral
	Lenguaje y comunicación	
Área socio-afectiva	Presentación	
	Actividad	
	Despedida y relajación	
	Juegos de mesa	

SEGUIMIENTO DE UN OBJETO

El objetivo de la actividad es reforzar el contacto visual del RI.

En función del grado de atención y concentración del RI, incrementaremos la dificultad del ejercicio.

Utilizaremos una mesa pequeña, donde se ubicará el RI frente al PI. Cada vez que el RI mire el premio que hay sobre la mesa, se lo podrá dar al perro y este realizará una habilidad como agradecimiento.

Luego, taparemos el premio con un vaso de plástico trasparente que iremos desplazando por la mesa mientras el RI observa el movimiento. Si lo hace, podrá levantar el vaso, agarrar el premio y dárselo al perro. Cada vez, aumentaremos brevemente el tiempo de seguimiento. Añadiremos dificultad a la actividad, introduciendo en el juego dos o más vasos trasparentes en lugar de uno, pero solo uno de ellos contendrá el premio. Finalmente, los vasos serán opacos.

El perro siempre puede ayudar a comprobar o adivinar dónde se encuentra el premio, tocando el vaso con su pata.

Variantes:

– Podemos trabajar la comunicación si pedimos al RI que diga '¡premio!' antes de levantar el vaso y luego, con ayuda del técnico, que pida al perro que realice una cierta actividad.

– Observar el desplazamiento del perro por el aula y, a continuación, repetirlo junto con él.

COMANDOS PARA EL PERRO	MATERIAL
• Sentarse	• Mesa
• Premio a la orden	• Sillas
• Tocar con la pata o el hocico	• Vasos trasparentes
• Habilidades varias	• Vasos opacos
	• Láminas de habilidades

Área psicomotriz	Coordinación motora	Objetivos
	Estimulación sensorial	• Atención y concentración
	Percepción espacio-temporal	• Seguimiento visual de un objeto
	Esquema corporal	• Desarrollar destrezas motrices de: agarrar, soltar, levantar
Área cognitiva	Atención y concentración	• Ejercitar la percepción visual: fondo- figura
	Categorización	• Prestar atención l movimiento
	Memoria	• Adquirir o ejercitar la capacidad de concentración
	Lenguaje y comunicación	• Desarrollar o evaluar la memoria visual
Área socio-afectiva	Presentación	• Desarrollar o evaluar la percepción espacio-visual
	Actividad	• Ejercitar la coordinación oculo-motriz
	Despedida y relajación	
	Juegos de mesa	

117

FABRICAR JUGUETES

El objetivo de la actividad es que el RI disfrute pensando y realizando un regalo sorpresa para el perro.

Podemos variar el grado de complejidad:

- Le decimos qué objetos deberá realizar, aportamos el material necesario y lo guiamos en su elaboración.
- Le invitamos a crear un objeto a partir de una serie de materiales que tendrá a su disposición y le ayudamos a elaborarlo.
- Él sólo deberá imaginar el objeto, buscar el material y realizarlo.

Hacer distintos regalos y envolverlos:

- Un pelota hecha de lana: pompón de lana
- Una pelota de poliestireno expandido (porexpan), decorada con papel pinocho, telas...
- Una pelota de agua y globos: Rellenamos el primer globo con un poco de agua, hacemos un nudo y cortamos el rabo. A continuación, vamos colocando capas de globos por encima. También se puede hacer rellenado el primer globo con arroz.
- Un zapato decorado sobre un soporte de barro.
- Un mordedor, hecho de calcetines anudados.
- Un envase de plástico sonajero decorado.
- Un plato, una correa o un collar decorados
- Un hueso decorado con deseos colgados.
- Un marco de fotos decorado.

El perro será el responsable de ayudar al RI en lo que pueda (traerle el material, tirar de la lana para hacer el pompón, ladrar como aprobación, etc.) o mirará atentamente mientras el RI trabaja. Finalmente, dará las gracias y utilizará el regalo.

COMANDOS PARA EL PERRO	MATERIAL
• Estirar de una cuerda	• Calcetines
• Sentarse y permanecer quieto	• Botellas de agua
• Coger un objeto y entregarlo a la mano	• Lana
• Contacto visual	• Adhesivos de colores, telas, piedras
• Ladrar	• Globos
• Dar un beso	• Arroz
	• Agua

Área psicomotriz	Coordinación motora	Objetivos
	Estimulación sensorial	• Crear un vínculo afectivo
	Percepción espacio-temporal	• Ejercitar la coordinación oculo-motriz
	Esquema corporal	• Expresar las fantasías
Área cognitiva	Atención y concentración	• Aprender a planificar
	Categorización	• Aprender a generar soluciones a los problemas
	Memoria	• Saber expresar interés por los demás
	Lenguaje y comunicación	• Desarrollar la capacidad de gozar de los sentimientos positivos
Área socio-afectiva	Presentación	• Experimentar el placer del dominio sobre un objeto
	Actividad	
	Despedida y relajación	
	Juegos de mesa	

ÓRDENES AL TACTO

El objetivo de la actividad es captar el interés por el perro de los RI con déficit de atención o discapacidad visual. Podrán percibir los movimientos del perro por medio del tacto y de la audición.

El RI deberá tener un contacto constante con el cuerpo del perro, para ello situará su mano en distintas partes del cuerpo del perro y en diferentes posiciones. A su vez, el TIA podrá colocar al perro distintos elementos sonoros para que al moverse produzca un sonido llamativo.

"Siéntate": El TIA colocara sobre la cruz del perro un sonajero cilíndrico para que cuando el perro se siente, ruede por su lomo y al caer al suelo haga ruido. El RI colocará su mano en la grupa del perro y emitirá la orden de "siéntate".

"La pata": El TIA colocará una pulsera de cascabeles al perro en sus patas delanteras. El RI deberá colocar su mano extendida con la palma hacia arriba. Al emitir la orden de "la pata", el perro apoyará su pata sobre la mano, haciendo sonar los cascabeles.

"Ven", "Stop": El TIA colocará cascabeles en las cuatro patas del perro para que al andar hacia el RI, haga ruido y al parar, deje de hacerlo. El RI hará un movimiento de vaivén con sus manos para indicarle al perro que se acerque, mientras oye el sonido de las pulseras y extenderá sus palmas hacia delante para notar la presencia del perro cuando se haya detenido frente a él.

"Barriguita": Con el perro tumbado boca arriba, ayudaremos al RI para que toque la barriga del perro.

COMANDOS PARA EL PERRO

• Sentarse
• Permanecer quieto
• Venir
• Dar la pata
• Mostrar la barriga

MATERIAL

• Cascabeles
• Sonajeros
• Pandereta
• Piano

Área psicomotriz	Coordinación motora	Objetivos
	Estimulación sensorial	• Ejercitar la motricidad gruesa
	Percepción espacio-temporal	• Ejercitar la percepción auditiva
	Esquema corporal	• Desarrollar el esquema corporal
Área cognitiva	Atención y concentración	• Prestar atención a las órdenes
	Categorización	• Prestar atención al movimiento del otro
	Memoria	• Favorecer el reconocimiento táctil
	Lenguaje y comunicación	• Favorecer las relaciones de afinidad
Área socio-afectiva	Presentación	
	Actividad	
	Despedida y relajación	
	Juegos de mesa	

CREMA PARA EL PERRO

El objetivo de la actividad es que el RI tolere y disfrute untarse el cuerpo con crema.

Si colocar crema hidratante o protector solar al RI es un problema, le condicionará para poder realizar ciertas actividades que le agraden, como por ejemplo: ir al parque y disfrutar del tobogán junto con el perro o ir a la playa con su familia. Se puede aprovechar el vínculo entre el RI y el perro para practicar un ejercicio sencillo que, desde nuestra experiencia, resulta muy efectivo.

En el momento de la higiene diaria del perro, durante el cepillado y las caricias, le haremos notar al RI que las almohadillas del perro están secas y agrietadas; si se acaricia el reverso de la pata del perro desde la articulación hacia afuera, notará como es de rugosa y áspera. Le invitaremos a cuidarlo.

Empezaremos con pequeños objetivos para que, una vez alcanzados, podamos emprender otros de mayor envergadura. Se ha de buscar progresar poco a poco, para no tener que retroceder.

1. Para empezar, el RI ayudará al TIA a extender la crema que previamente habrá colocado el TIA sobre las almohadillas del perro.
2. El TIA se colocará la crema en la palma de la mano y juntos la distribuirán sobre la patita del perro
3. El PI aplicará una cantidad de crema sobre la palma de la mano del RI y juntos se la colocarán al perro.
4. El PI colocará crema sobre la palma del RI y esté deberá fregarse las manos para poder aplicarla a las patas del perro.
5. El RI tomará el pote de crema y se servirá la crema, se frotará y la aplicará.

COMANDOS PARA EL PERRO	MATERIAL
• Echarse • Permanecer quieto	• Maletín de higiene canina • Cepillo • Toallitas • Crema hidratante

Área psicomotriz	Coordinación motora	Objetivos
	Estimulación sensorial	• Ejercitar la motricidad gruesa
	Percepción espacio-temporal	• Ejercitar la motricidad fina
	Esquema corporal	• Ejercitar la percepción táctil
Área cognitiva	Atención y concentración	• Ejercitar percepción olfativa
	Categorización	• Desarrollar el esquema corporal
	Memoria	• Aprender y respetar las normas sociales
	Lenguaje y comunicación	• Experimentar el placer por la sensación de logro
Área socio-afectiva	Presentación	• Reducir la sensibilidad
	Actividad	
	Despedida y relajación	
	Juegos de mesa	

El objetivo de la actividad es brindar una estimulación sensorial basal a la gente mayor afectada por un deterioro grave asociado a trastornos de la conducta, con movimiento voluntario y con lenguaje productivo o sin ellos, a través del contacto con el perro.

Para ello, deberemos trabajar en un entorno tranquilo y confortable, cuidando en todo momento que nuestros movimientos y los del perro sean suaves y controlados y también que el tono de nuestra voz sea armónico y agradable.

Trabajaremos con un perro de terapia poseedor de unas características especiales que llamaremos PERRO MANTA. Lo definiremos como un perro de terapia apto para trabajar en cierto tipo de ejercicios terapéuticos cuyas principales características son tener un carácter tranquilo y estable, una depurada obediencia básica, una alta tolerancia a la manipulación y un alto grado de autocontrol para poder relajarse el tiempo requerido, en los distintos posicionamientos que su TIA lo ubique, con el fin de potenciar la interacción con el RI mediante los canales sensoriales.

Consideraremos que, por lo general, el RI estará sentado, con poca movilidad voluntaria y con cierta fragilidad corporal. Deberemos adaptar las posturas de nuestro perro para favorecer la mayor interacción posible entre ambos, procurando no aplicar un peso excesivo sobre el RI. En este caso, los taburetes y las mesas auxiliares estables pueden ser de gran ayuda.

Los objetivos se trabajarán colocando al perro sobre una mesa o taburete para favorecer el contacto físico entre el RI y el perro: caricias del RI hacia el perro, caricias del perro hacia el RI, presión controlada del perro en alguna parte del cuerpo del RI, entrega guiada de premios.

COMANDOS PARA EL PERRO	MATERIAL
• Dejarse manipular	• Taburetes
• Echarse	• Mesas auxiliares
• Premio a la orden	• Crema para masajes
• Permanecer quieto	

Área psicomotriz	Coordinación motora	Objetivos
	Estimulación sensorial	• Proporcionar calma y seguridad
	Percepción espacio-temporal	• Diminuir la inquietud motora
	Esquema corporal	• Establecer una relación verbal o gestual, entre todos
Área cognitiva	Atención y concentración	• Establecer una relación verbal o gestual con el perro
	Categorización	• Favorecer el máximo confort
	Memoria	• Favorecer la memoria retrógada vinculada a recuerdos de animales de compañía que el RI haya tenido
	Lenguaje y comunicación	
Área socio-afectiva	Presentación	
	Actividad	
	Despedida y relajación	
	Juegos de mesa	

Ejercicios estimulación cognitiva

Estimulación cognitiva

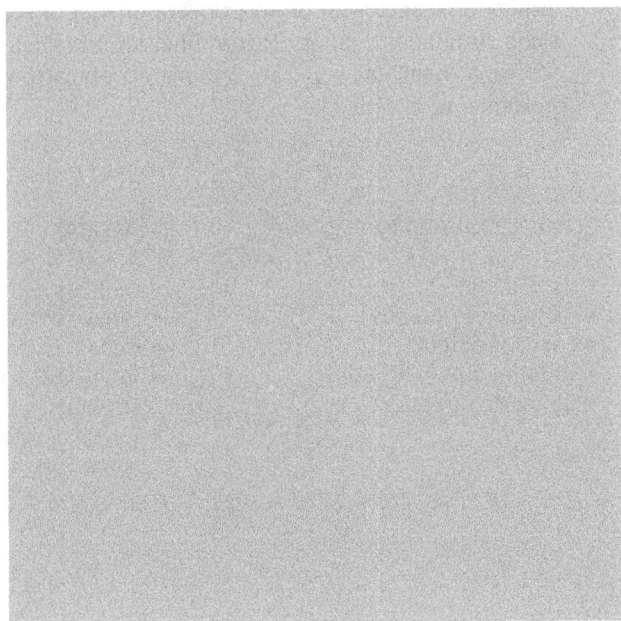

El objetivo del juego es que el RI preste atención a los movimientos del perro para identificar las distintas posturas que este adopta con las que están representadas en los cartones.

Repartiremos a cada RI un cartón de bingo cuyas casillas representarán distintas habilidades del perro: sentado, echado, girando sobre sí mismo, etc. Podemos agregar dificultad al juego al diferenciar la dirección en que se realiza la habilidad, por ejemplo, giro a la derecha o giro a la izquierda.

A continuación, el perro ejecutará una secuencia de habilidades, mientras los RI deberán colocar un hueso o premio en cada una de las casillas de su cartón que se identifiquen con la secuencia.

Cuando uno de los participantes haya completado una línea, dirá «guau». Al llenar el cartón, dirá bien fuerte el nombre del perro.

Variantes:

– Las tarjetas se pueden ilustrar con imágenes que representen aros en distintas partes del cuerpo del perro, con aros de diferentes colores o tamaños.

– El cartón de bingo pertenecerá al perro. Este necesitará de la ayuda de los RI para poder completarlo. Por turnos, los RI sacarán de un cesto una tarjeta con una operación matemática y, luego de que calculen el resultado correcto, el perro colocará una pieza sobre la casilla que exprese dicho resultado. Cuando logren finalizar una línea, el perro les obsequiará con una habilidad y, al completar el cartón, realizará una acción previamente estipulada.

COMANDOS PARA EL PERRO	MATERIAL
• Habilidades	• Láminas de habilidades
• Permanecer quieto	• Láminas con aros
• Coger el objeto	• Fichas
• Soltar el objeto al suelo	• Tarjetones con operaciones aritméticas
• Target de dirección	• Tarjetones con resultados numéricos

Área psicomotriz	Coordinación motora	Objetivos
	Estimulación sensorial	• Prestar atención al movimiento del otro
	Percepción espacio-temporal	• Adquirir o ejercitar la noción de números: cantidad
	Esquema corporal	• Adquirir o ejercitar la noción de colores
Área cognitiva	Atención y concentración	• Adquirir o ejercitar la noción de tamaños
	Categorización	• Reconocer visualmente los números
	Memoria	• Desarrollar el pensamientp lógico matemático
	Lenguaje y comunicación	• Adquirir nociones de aritmética
Área socio-afectiva	Presentación	• Aprender y respetar las normas sociales
	Actividad	• Experimentar el placer o sensación de logro
	Despedida y relajación	
	Juegos de mesa	

LAS SIETE DIFERENCIAS

El objetivo del juego es que el RI se percate de las diferencias entre dos perros reales.

Colocaremos a dos perros distintos en la isma postura. El RI, con ayuda del terapeuta, buscará posibles diferencias entre ambos en el nivel del aspecto físico, por ejemplo: la cola, las orejas, la altura, el color del pelaje, el hocico, la longitud del pelo, etcétera.

También podemos presentar los perros en posturas diferentes, con la ayuda de materiales como una mesa, una silla o cajas. El RI deberá detectar las diferencias de posición en el espacio de las partes del cuerpo de cada perro.

Variantes:

- Trabajaremos con dos perros. A uno de ellos lo vestiremos con siete pañuelos de colores, distribuidos en distintas partes del cuerpo. Luego, pediremos al RI que vista al otro perro también con siete pañuelos pero sin repetir el mismo color en la misma parte del cuerpo del que ya está vestido.

- Dibujaremos en un papel un perro que adopte la misma posición y situación que los dos perros de terapia. El RI deberá marcar sobre el dibujo, en silencio, las diferencias que observa entre los dos perros.

- Dos perros estarán vestidos con algunos pañuelos de distintos colores. El RI los observará atentamente e intentará memorizar los colores de cada uno. Lanzará el dado y deberá recordar cuál de los perros lleva un pañuelo de ese color. Si acierta, podrá sacárselo.

COMANDOS PARA EL PERRO	MATERIAL
• Permanecer quieto	• Pañuelos
• Esconderse	• Cajas
• Sentarse	• Mesa
• Echarse	• Silla
• Permanecer de pie	

		Objetivos
Área psicomotriz	Coordinación motora	
	Estimulación sensorial	• Ejercitar la percepción espacio-visual
	Percepción espacio-temporal	• Ejercitar la orientación espacial
	Esquema corporal	• Reconocer los objetos
Área cognitiva	Atención y concentración	• Reconocer la presencia y ausencia de los objetos o de las personas
	Categorización	• Detectar la ausencia de un detalle del conjunto
	Memoria	• Desarrollar el sentido de la observación
	Lenguaje y comunicación	• Ejercitar la memoria
Área socio-afectiva	Presentación	
	Actividad	
	Despedida y relajación	
	Juegos de mesa	

IMITAR RECORRIDOS

El objetivo del juego es que el RI observe atentamente una acción para poder describirla o imitarla.

El PI recorrerá junto con el perro un circuito de dificultad relativa, en relación con los obstáculos del camino: bancos, sillas, rulos, saltos de picas, etc.

Mientras tanto, el RI observará atentamente el circuito para poder reproducirlo a continuación. Él solo, junto al perro, se dispondrá a imitar todos aquellos movimientos o habilidades que el perro realizó junto al PI.

Para ello el PI seguirá a cierta distancia a la pareja para controlar que el perro ejecute aquellas órdenes que el RI le pida correctamente.

Si hay otros RI en la actividad, el terapeuta puede solicitar que describan lo que su compañero llevó a cabo y si han percibido alguna equivocación.

Variantes:

- El terapeuta le pedirá al RI que preste atención al recorrido que haga el perro junto con el PI. Si la descripción que brinda es correcta, podrá ejecutar el circuito junto con el perro.

- Si el RI presenta dificultades en el habla o la comunicación, podrán describir el circuito por medio de gestos direccionales o láminas de habilidades. Si la descripción es correcta, el RI lo recorrerá junto con el perro.

COMANDOS PARA EL PERRO	MATERIAL
• Caminar al lado • Comandos gestuales	• Correa • Láminas de habilidades • Láminas de direcciones

		Objetivos
Área psicomotriz	Coordinación motora	
	Estimulación sensorial	• Ejercitar la motricidad gruesa
	Percepción espacio-temporal	• Ejercitar la percepción espacio-visual
	Esquema corporal	• Ejercitar la orientación espacial
Área cognitiva	Atención y concentración	• Ejercitar la orientación temporal
	Categorización	• Prestar atención al movimiento del otro
	Memoria	• Adquirir o ejercitar la habilidad de imitación
	Lenguaje y comunicación	• Enriquecer el vocabulario
Área socio-afectiva	Presentación	• Potenciar la expresión verbal
	Actividad	• Facilitar el placer del movimiento
	Despedida y relajación	
	Juegos de mesa	

SERIES PERRUNAS

El objetivo del juego es que el RI preste atención a los movimientos que realiza el perro para luego poder continuarlos.

Primero, explicaremos al RI en los distintos movimientos o habilidades que va a realizar el perro. Le mostraremos unas fotografías que las representen y le enseñaremos cómo pedirle al perro que las realice, por medio de un comando verbal como gestual.

Una vez que lo haya practicado, el PI le presentará una serie, sobre un soporte gráfico o bien haciendo una demostración práctica. Al finalizar, el RI deberá continuar la serie correctamente; si lo hace, le entregará un premio al perro.

Este ejercicio se puede simplificar asociando previamente un color a cada habilidad.

Se marcará la serie con topos de colores en el suelo, para ayudarle a recordar qué habilidad deberá pedirle en ese lugar al perro.

Variantes:

– El RI puede confeccionar un collar o una correa para el perro tomando como modelo una serie; luego lo podrá colocar en su cuello y sacarlo a pasear.

– Se pueden realizar series, colocando etiquetas autoadhesivas de diferentes formas o colores sobre el lomo del perro.

– Se pueden hacer series de las partes del cuerpo tocándolo suavemente.

COMANDOS PARA EL PERRO	MATERIAL
• Habilidades previamente establecidas • Permanecer quieto • Caminar al lado	• Piezas para hacer collares • Etiquetas de diferentes colores, formas y tamaños • Aros o setas de colores • Tarjetas de habilidades • Series de habilidades

Área psicomotriz	Coordinación motora	Objetivos
	Estimulación sensorial	• Desarrollar el esquema corporal
	Percepción espacio-temporal	• Adquirir o ejercitar la capacidad de concentración
	Esquema corporal	• Adquirir o ejercitar la noción numérica, colores,tamaños y formas geométricas
Área cognitiva	Atención y concentración	
	Categorización	• Codificación y descodificación de símbolos
	Memoria	• Aceptar las normas de interacción social
	Lenguaje y comunicación	• Experimentar el placer por la sensación de logro
Área socio-afectiva	Presentación	
	Actividad	
	Despedida y relajación	
	Juegos de mesa	

135

EN BUSCA DE LOS OBJETOS

El objetivo del juego es que el RI encuentre ciertos objetos del perro, que se encuentran perdidos en el salón.

Previamente, el PI habrá escondido en un sector determinado unos objetos o las láminas que los representan. Luego, indicará al RI una acción para realizar.

El RI elegirá un color con la ruleta o el dado de colores y, acompañado del perro, irá en busca del objeto que sirva para realizar la acción indicada.

Escogerá únicamente aquellos objetos o láminas que sean del color elegido y que sirvan para llevar a cabo la tarea asignada. Cada vez que el RI encuentre el objeto indicado del color correcto, lo tomará y cumplirá con la consigna junto con el perro.

Variantes:

– Preparar la maleta: El RI ayudará al perro a preparar su maleta de viaje. El perro le entregará al RI una lista con los objetos necesarios para prepararla o bien la redactarán juntos. Por orden, buscarán cada uno de los elementos que el perro necesita, discriminándolos de los demás objetos disponibles. Si la elección es correcta, el perro colocara la pieza dentro de su maleta.

– La lista de la compra: Antes de iniciar el ejercicio realizaremos una lista de los productos que se necesita ir a comprar. Luego de memorizar el mayor número de productos posibles, el RI junto con el perro tomarán todos aquellos productos de la lista que recuerden.

COMANDOS PARA EL PERRO	MATERIAL
• Sentarse • Permanecer quieto • Coger el objeto • Llevar un objeto con la boca • Tocar con la pata o el hocico • Caminar al lado	• Láminas de objetos • Objetos relacionados con el perro • Toallitas higiénicas para el RI

$$\begin{array}{r} 3 \\ + 4 \\ \hline 7 \end{array}$$

	Coordinación motora	Objetivos
Área psicomotriz	Estimulación sensorial	• Prestar atención a las órdenes
	Percepción espacio-temporal	• Adquirir o ejercitar la capacidad de concentración
	Esquema corporal	• Mejorar la comprensión oral
	Atención y concentración	• Desarrollar o evaluar la memoria visual
Área cognitiva	Categorización	• Desarrollar o evaluar la memoria a corto plazo
	Memoria	• Reconocer los objetos
	Lenguaje y comunicación	• Reconocer las propiedades de los objetos
	Presentación	• Desarrollar la función simbólica
Área socio-afectiva	Actividad	• Enriquecer el vocabulario
	Despedida y relajación	• Estimular la escucha activa
	Juegos de mesa	

137

EMPAREJAR HABILIDADES

El objetivo del juego es armar parejas de las fotografías de habilidades del perro de terapia, con las órdenes escritas o gestuales.

El PI emitirá una orden gestual al perro y este realizará la habilidad correspondiente.

El RI deberá prestar atención para poder emparejar la fotografía correspondiente a la habilidad, con una carta que contenga la orden escrita.

Después de efectuar un número determinado de habilidades, el RI se dispondrá a comprobar si las parejas han sido o no formadas correctamente. Tomará cada una de las parejas, leerá la orden en voz alta y comprobará si el perro realiza o no la habilidad representada en la fotografía.

Variantes:

– El RI lanzará el dado de las habilidades y deberá escribir en un papel la orden correspondiente. A continuación, dará la orden al perro para com probar si su elección ha sido la correcta.

– El RI leerá o escuchará una historia en la que aparecerán distintas habilidades. El RI deberá identificarlas mediante la lectura o la escucha; a continuación le pedirá al perro que las ejecute a medida que surjan en una segunda lectura de la narración.

COMANDOS PARA EL PERRO

- Comandos gestuales
- Habilidades varias
- Permanecer quieto

MATERIAL

- Dado de habilidades
- Fotografias de habilidades
- Órdenes escritas en láminas
- Lápiz
- Papel
- Premios

	Coordinación motora	Objetivos
Área psicomotriz	Estimulación sensorial	• Prestar atención a las órdenes
	Percepción espacio-temporal	• Prestar atención al movimiento del otro
	Esquema corporal	• Adquirir o ejercitar la capacidad de concentración
Área cognitiva	Atención y concentración	• Mejorar la comprensión oral
	Categorización	• Adquirir o ejercitar la discriminación auditiva
	Memoria	• Desarrollar lenguaje : expresión y comprensión
	Lenguaje y comunicación	• Estimular la escucha activa
Área socio-afectiva	Presentación	• Experimentar el placer por la sensación de logro
	Actividad	
	Despedida y relajación	
	Juegos de mesa	

139

¿QUÉ NÚMERO HA SALIDO?

El objetivo del juego es que el RI trabaje las habilidades numéricas.

Para ello, el RI lanzará un dado numérico al perro y este se lo devolverá indicándole un número. El RI le pedirá al perro que realice una habilidad ese número de veces. Mientras lo hace, contará en voz alta, para indicarle cuando debe parar. El RI le entregará al perro la misma cantidad de premios.

Este número también puede ser el resultado de una operación aritmética. Dicho resultado será el número de veces que el perro deberá hacer una determinada habilidad.

Variantes:

— Una manera de trabajar la aproximación del RI hacia el perro y tolerar su cercanía cuando le entrega los premios es hacerlo de manera indirecta .El RI lanzará un dado numérico que el perro le acercará muy lentamente hasta llegar a sus manos. Según el número que haya salido será la cantidad de premios que le deberán entregar al perro, cada vez con una mayor proximidad.

— El PI colocará en la palma de la mano del RI una cantidad de premios. Este, con los ojos cerrados, deberá juntar las manos y, por medio del tacto, adivinar cuántos premios tiene para poder dárselos al perro.

— Luego de memorizar una relación entre los números y las habilidades, el RI lanzará el dado y deberá pedir la habilidad correcta.

COMANDOS PARA EL PERRO	MATERIAL
• Coger el objeto • Soltar el objeto • Permanecer quieto • Premio a la orden	• Dado numérico o de puntos • Premios • Láminas de habilidades

		Objetivos
Área psicomotriz	Coordinación motora	
	Estimulación sensorial	• Prestar atención al movimiento del otro
	Percepción espacio-temporal	• Adquirir o ejercitar la capacidad de concentración
	Esquema corporal	• Adquirir o ejercitar la noción numérica o cantidad
Área cognitiva	Atención y concentración	• Adquirir o ejercitar las nociones aritméticas
	Categorización	• Establecer correspondencias entre elementos
	Memoria	
	Lenguaje y comunicación	
Área socio-afectiva	Presentación	
	Actividad	
	Despedida y relajación	
	Juegos de mesa	

141

El objetivo del juego es que el RI construya un rompecabezas con las piezas que gane en cada parte del juego.

Montaremos una cuadrícula con setas. Debajo de cada una de ellas, esconde-remos una tarjeta con una habilidad o una acción.

El RI seguirá las indicaciones del terapeuta para recorrer la cuadrícula, por ejemplo:

– Camina dos setas hacia delante
– Retrocede una seta
– Camina dos setas hacia la derecha
– Camina hasta la seta roja

El RI destapará las setas y realizará lo que la lámina le indique. Si lo hace correctamente, se ganará una pieza que el perro guardará en un bolsillo de su manta. Finalmente, después de haber levantado todas las setas y ganado todas las piezas, se sentará junto al perro para completar la actividad.

Variante:

– Podemos montar un circuito con las setas que contienen las acciones o habilidades, donde éstas representen obstáculos para el RI o para el perro.

– Le podemos dar al RI un mapa del tesoro para que lo descifre y encuentre un tesoro, junto con el perro.

COMANDOS PARA EL PERRO	MATERIAL
• Habilidades varias • Sentarse	• Conos o setas • Láminas de habilidades • Láminas de acciones • Piezas de un rompecabezas • Mapa del tesoro • El tesoro

Área psicomotriz	Coordinación motora	Objetivos
	Estimulación sensorial	• Adquirir o ejercitar la noción de direccionalidad
	Percepción espacio-temporal	• Ejercitar la orientación espacial
	Esquema corporal	• Prestar atención a las órdenes
Área cognitiva	Atención y concentración	• Adquirir o ejercitar la noción numérica o de cantidad
	Categorización	• Adquirir o ejercitar la noción de colores
	Memoria	• Sintetizar las partes en un todo
	Lenguaje y comunicación	• Reconocer los objetos
Área socio-afectiva	Presentación	• Desarrollar la función simbólica
	Actividad	• Cooperation: estimular las relaciones de ayuda
	Despedida y relajación	• Favorecer la autoestima
	Juegos de mesa	

El objetivo del juego es ayudar al perro a ordenar un conjunto de objetos por familias.

El RI tomará asiento junto al PI enfrente de un cajón o un aro lleno de diferentes objetos (3D). También pueden estar representados en láminas (2D). Más allá, el perro estará sentado delante de unas cajas de colores, tantos como familias de objetos haya en el cajón original.

El RI, con ayuda del PI, extraerá un objeto del cajón, lo describirá y llamará al perro para que lo coja y lo guarde en la caja del color correspondiente. Para determinar cuál es la caja correcta, cada una de ellas tendrá adherida una lámina, a modo de ejemplo.

Variante:

– Con la misma distribución, esta vez será el perro quien lleve la iniciativa. Este se colocará delante de alguna de las cajas de clasificación. El RI, con ayuda del PI deberá escoger un objeto del cajón que corresponda a la caja que señala el perro. Luego, lo dejará delante de la caja. Si la elección es la correcta, el perro agarrará del suelo el objeto y lo tirará dentro de la caja. Si no, ladrará o se tapará los ojos con la pata.

COMANDOS PARA EL PERRO	MATERIAL
• Sentarse	• Objetos para clasificar
• Target de dirección	• Cajas de distintos colores
• Permanecer quieto	• Láminas de familias de objetos
• Venir	
• Coger el objeto	
• Soltar el objeto	
• Cubrirse los ojos	
• Ladrar	

		Objetivos
Área psicomotriz	Coordinación motora	• Prestar atención al movimiento del otro
	Estimulación sensorial	• Adquirir o ejercitar la capacidad de imitación
	Percepción espacio-temporal	• Adquirir o ejercitar la capacidad de concentración
	Esquema corporal	• Adquirir o ejercitar la capacidad de simbolizar
Área cognitiva	Atención y concentración	• Reconocer los objetos
	Categorización	• Establecer correspondencia entre objetos
	Memoria	• Enriquecer el vocabulario
	Lenguaje y comunicación	• Mejorar la pronunciación
Área socio-afectiva	Presentación	• Mejorar la expresión y la comprensión del lenguaje
	Actividad	• Cooperación: Estimular las relaciones de ayuda
	Despedida y relajación	
	Juegos de mesa	

IMITAR POR COLORES

El objetivo del juego es que el RI pida una habilidad al perro en función del resultado que obtenga lanzando el dado de colores.

Mostraremos al RI fotos con distintas habilidades que realiza el perro y deberá describirlas, captarlas e imitarlas con ayuda del PI o sin ella. Le mostraremos cómo pedirlas correctamente.

A continuación, colocará cada una de las láminas sobre unos platos de colores. Primero, boca arriba, con el fin de relacionar cada habilidad con un color y luego, boca abajo, para memorizar estas relaciones.

El RI lanzará el dado de colores y el perro lo traerá de vuelta o el RI reconocerá, desde su lugar, el color que haya salido.

El RI pedirá la habilidad al perro según la relación que ha memorizado. Cuando el perro la haya completado, dará vuelta a la carta y comprobará si la ha recordado correctamente.

Cuando estén hechas todas las habilidades el número de veces oportunas y con el fin de continuar trabajando la memoria, realizaremos secuencias, con ayuda del perro. Este traerá los platos de colores uno a uno, marcando así el orden con que desea que el RI le pida las habilidades.

Variantes:

– Una vez descrita cada habilidad, se instruye a un compañero para que esté atento y cliquee o dé una palmada en el momento justo en que el ejercicio culmina con éxito, para que el perro sepa que lo ha echo correctamente.

– Se puede trabajar con formas, tamaños, objetos cotidianos, etc., en lugar de colores.

COMANDOS PARA EL PERRO	MATERIAL
• Habilidades varias	• Láminas de habilidades
• Comandos verbales y gestuales	• Objetos diferenciadores:
• Negación	- platos de colores
• Target de dirección	- formas geométricas
• Coger	- objetos cotidianos
• Soltar	• Clicker
	• Premios

		Objetivos
Área psicomotriz	Coordinación motora	
	Estimulación sensorial	• Controlar los reflejos
	Percepción espacio-temporal	• Ejercitar el sentido del ritmo
	Esquema corporal	• Imitar los movimientos: control y dominio del cuerpo
Área cognitiva	Atención y concentración	• Inhibir la intensidad de voz
		• Prestar atención al movimiento
	Categorización	• Adquirir o ejercitar la capacidad de concentración
	Memoria	• Adquirir o ejercitar la noción de colores y tamaños
	Lenguaje y comunicación	• Desarrollar o evaluar la memoria a corto plazo
Área socio-afectiva	Presentación	• Estimular la socialización
	Actividad	• Estimular la escucha activa
	Despedida y relajación	• Explorar distintos lenguajes
	Juegos de mesa	

147

El objetivo del juego es que el RI y el perro bailen siguiendo las consignas de las cartas.

Sobre una mesa colocaremos, en dos filas, pares de tarjetas: una, que indica los movimientos del perro y la otra, la correspondiente a los movimientos o acciones del RI.

El RI describirá el movimiento que debe realizar el perro y esperará a que el perro lo lleve a cabo. Entonces, dará la vuelta a la carta que corresponde a un movimiento: saltar a pata coja, volar, cruzarse de manos…, o bien, a un verbo: cantar, reír, abrazar, cepillar, etc.

Luego, haremos secuencias de habilidades perrunas para que el RI realice su secuencia correspondiente.

Variante:

– Una vez realizados todos los movimientos, podemos pedir al RI que, de memoria, asocie un movimiento del perro a su paso de baile o acción. Para ello, el perro realizará uno de los movimientos y el RI el movimiento o el verbo que se corresponde con aquél.

– Podemos pedir al perro que haga una secuencia con sus habilidades y que el RI, de memoria, reproduzca su propia secuencia, asociándola con la del perro.

– Podemos asociar una pieza de comida o una actividad de la vida diaria con una acción que realizará el RI con el perro. El RI escogerá o reconocerá una pieza o lámina que le permitirá interactuar con el perro: pez-acariciar, pasta de dientes-pedirle que se siente., etc.

COMANDOS PARA EL PERRO	MATERIAL
• Apoyar la cabeza en una carta • Target a una carta • Habilidades varias	• Láminas de habilidades perrunas • Láminas de movimiento de la persona • Tarjetas escritas con verbos o acciones

	Coordinación motora	Objetivos
Área psicomotriz	Estimulación sensorial	• Ejercitar la coordinación dinámica global
	Percepción espacio-temporal	• Ejercitar el equilibrio y lateralidad
	Esquema corporal	• Prestar atención a las órdenes
	Atención y concentración	• Prestar atención al movimiento del otro
Área cognitiva	Categorización	• Adquirir o ejercitar la capacidad de concentración
	Memoria	• Desarrollar o evaluar la memoria a corto plazo
	Lenguaje y comunicación	• Estimular la imaginación
	Presentación	• Mejorar la expresión del lenguaje
Área socio-afectiva	Actividad	• Estimular la socialización • Aceptar las normas de interacción social
	Despedida y relajación	• Estimular la escucha activa
	Juegos de mesa	

149

PALMADAS POR PREMIOS

El objetivo del juego es que el RI preste atención a los movimientos de perro e identifique las consignas del terapeuta.

Le preguntaremos al RI cómo le gusta que le feliciten cuando hace algo bien. Luego, le explicaremos que al perro de terapia le agrada recibir un premio cuando realiza bien una tarea. En esta actividad, el premio irá acompañado por una palmada de manos o un toque de clicker.

El RI deberá estar atento; cada vez que el perro realice una determinada acción correctamente, deberá palmear sus manos y, a continuación, darle el premio al perro. Comenzaremos la actividad con órdenes estáticas; luego introduciremos las órdenes dinámicas y las siguientes alternativas:

– El RI o el terapeuta emitirán una orden en particular, previamente determinada, y el perro la cumplirá todas las veces.
– El perro la realizará o no.
– El perro de terapia realizará esa habilidad dentro de una secuencia de otras habilidades.

Cada vez que el RI palmee, le dará un premio al perro.

Variante:

– Progresivamente le iremos pidiendo que reconozca cada vez mayor número de habilidades. Así pues el perro realizará una coreografía de habilidades con ciertas órdenes previamente establecidas, para que el RI palmee cada vez que las ejecuta. El número total de palmadas se intercambiará por premios al final del ejercicio..

COMANDOS PARA EL PERRO

- Cono
- Ponerse a dos patas
- Dar la pata
- Sentarse
- Ladrar
- Pedir
- Echarse
- Esconderse

MATERIAL

- Láminas de habilidades
- Premios
- Clicker

	Coordinación motora	Objetivos
Área psicomotriz	Estimulación sensorial	• Ejercitar la coordinación óculo-motriz
	Percepción espacio-temporal	• Ejercitar la motricidad fina
	Esquema corporal	• Desarrollar el esquema corporal
Área cognitiva	Atención y concentración	• Adquirir o ejercitar la noción de espacio y dirección
	Categorización	• Prestar atención al movimiento del otro
	Memoria	• Adquirir o ejercitar la capacidad de concentración
	Lenguaje y comunicación	• Aprender y respetar las normas
Área socio-afectiva	Presentación	• Estimular la confianza en los demás
	Actividad	• Trabajar los sentimientos
	Despedida y relajación	
	Juegos de mesa	

151

DICTADO DE HABILIDADES

El objetivo del juego es que el RI memorice una secuencia de habilidades.

El perro realizará un cierto número de habilidades, mientras que el RI lo observa atentamente.

A continuación, el PI le entregará al RI láminas con las distintas habilidades, para que reproduzca la serie que ha observado.

Si la elección es la correcta, el perro repetirá la habilidad a medida que el RI se la dicte. Si alguna de las habilidades no es la correcta, el perro permanecerá quieto.

Variante:

- La serie de habilidades que realizará el perro tendrá una secuencia lógica predeterminada que el RI no conocerá. El RI deberá escoger las láminas de las habilidades que considera que continúan la serie. Si la elección es la correcta, el perro las realizará.

COMANDOS PARA EL PERRO

• Habilidades varias

MATERIAL

• Láminas de habilidades

		Objetivos
Área psicomotriz	Coordinación motora	
	Estimulación sensorial	• Desarrollar o evaluar la memoria visual
	Percepción espacio-temporal	• Desarrollar el razonamiento lógico
	Esquema corporal	
Área cognitiva	Atención y concentración	
	Categorización	
	Memoria	
	Lenguaje y comunicación	
Área socio-afectiva	Presentación	
	Actividad	
	Despedida y relajación	
	Juegos de mesa	

153

EL REY DICE

El objetivo del juego es que el RI reproduzca unas consignas correctamente para que el perro ejecute las habilidades correspondientes.

Utilizando las láminas de la baraja de habilidades:

— comentar qué está haciendo el perro en la lámina
— hacer una imitación corporal por parte del RI
— indicar cuál es la orden verbal
— indicar cuál es la orden gestual

Cuando el RI o el perro escojan una de las cartas, el PI realizará una demostración verbal y gestual de la orden, con el fin de que el RI tenga una referencia clara para poder emitirla.

Después de la demostración del PI, el RI situará frente al perro y deberá comunicarse con él; prestará especial atención a su modo y a su tono de voz.

— Si emite la orden de manera correcta, el PI gestualmente dará la orden de realizar la acción al perro.
— Si el modo o el tono de la voz no fueran los apropiados, el PI dará la orden de negación al perro, para que permanezca quieto.

COMANDOS PARA EL PERRO

- Permanecer quieto
- Dar un objeto a la mano
- Coger el objeto
- Tocar con la pata o el hocico
- Habilidades varias

MATERIAL

- Baraja de habilidades
- Premios

			Objetivos
Área psicomotriz	Coordinación motora		
	Estimulación sensorial		• Modular el tono de voz
	Percepción espacio-temporal		• Modular el modo de la voz
			• Mejorar la repetición literal
	Esquema corporal		• Prestar atención
Área cognitiva	Atención y concentración		• Favorecer la capacidad de imitación
	Categorización		• Desarrollar o mejorar la memoria a corto plazo
	Memoria		• Ejercitar la lectura
	Lenguaje y comunicación		• Experimentar el placer por la sensación de logro
Área socio-afectiva	Presentación		
	Actividad		
	Despedida y relajación		
	Juegos de mesa		

¿QUÉ DICEN LOS AROS?

El objetivo del juego es que el RI siga las consignas que le dé el perro.

Colocaremos cuatro aros de colores distintos repartidos por el suelo. Cada uno de ellos indicará una acción que deberá realizar el RI.

La elección del color se podrá realizar de distintas formas:

- Lanzar un dado, el RI y el perro deberán desplazarse hacia el aro de es color.
- El perro se desplazará hacia dónde el PI le indique. El RI debe seguirlo sin perder contacto visual.
- El perro le traerá al RI una lámina de color, una pelota o una fruta. El RI se desplazará junto con el perro hacia el aro de ese color.

Al principio, el PI acompañado por el perro hará una demostración de las diferentes acciones que deberán realizar en cada aro donde se siente el perro. El RI lo deberá repetir con ayuda del PI o sin ella.

Luego, el perro se sentará dentro de uno de los aros y esperará a que el RI realice la actividad.

- Aros azules: tocar una parte del cuerpo del perro.
- Aros rojos: hacer que el perro ejecute una habilidad.
- Aros verdes: el RI deberá representar la mímica de una acción u oficio.
- Aros amarillos: resolver acertijos propuestos por el terapeuta.

Variante:

- Cada aro puede representar distintas acciones o desafíos que deberá realizar el RI.

COMANDOS PARA EL PERRO	MATERIAL
• Sentarse	• Aros de colores
• Llevar un objeto en la boca	• Dado de colores
• Target de dirección	• Tarjetas de acciones
• Permanecer quieto	• Tarjetas de adivinanzas
• Si	• Tarjetas de habilidades del perro
	• Objetos para emparejar

Área psicomotriz	Coordinación motora	Objetivos
	Estimulación sensorial	• Ejercitar la coordinación dinámica global
	Percepción espacio-temporal	• Inhibir la intensidad de voz
	Esquema corporal	• Adquirir o ejercitar la capacidad de imitación y concentración
Área cognitiva	Atención y concentración	• Desarrollar o evaluar la memoria a corto plazo
	Categorización	• Prestar atención a las órdenes
	Memoria	• Prestar atención al movimiento del otro
	Lenguaje y comunicación	• Desarrollar o evaluar la memoria visual
Área socio-afectiva	Presentación	• Enriquecer el vocabulario
	Actividad	• Experimentar el placer del movimiento
	Despedida y relajación	
	Juegos de mesa	

AROS EN EL ESPACIO

El objetivo de este juego es trabajar las nociones de espacio y temporalidad.

El perro le acercará unos aros al receptor de la terapia y este los tendrá que ubicar en algún lugar de la sala, de acuerdo con una consigna dada por la terapeuta, por el dado de conceptos espaciales o por el perro, que la seleccionará sacando una tarjeta o realizando un target en la lámina correspondiente.

En el momento en que el receptor de la terapia coloque el aro en el lugar correcto, el perro realizará una habilidad determinada o bien ganará una ficha que acumulará para obtener un premio más importante, previamente acordado entre el terapeuta y el receptor de la terapia (Economía de fichas).

Variantes:

– El perro es colocado en una determinada ubicación y los aros deberán situarse en relación a la localización del perro. Luego de cada acierto, el destinatario de la terapia le entregará un premio al perro.

– Se puede trabajar con dos perros distintos; la persona colocará los aros según las consignas del terapeuta.

COMANDOS PARA EL PERRO	MATERIAL
• Target de dirección	• Láminas de conceptos espaciales • Aros • Fichas

		Objetivos
Área psicomotriz	Coordinación motora	
	Estimulación sensorial	• Motricidad gruesa
	Percepción espacio-temporal	• Motricidad fina
	Esquema corporal	• Orientación espacial
Área cognitiva	Atención y concentración	• Noción del eje de simetría
	Categorización	• Atención a las órdenes del otro
	Memoria	• Comprensión oral
	Lenguaje y comunicación	• Aprendizaje de los nombres de los perros
Área socio-afectiva	Presentación	• Placer por la sensación de logro
	Actividad	• Nociones de tamaño
	Despedida y relajación	
	Juegos de mesa	

159

EL HORARIO DE CUCA

El objetivo del juego es recrear las actividades que realiza el perro diariamente, a partir de preguntas, deducciones y algunas fotografías.

Tomaremos una colección de fotografías de las distintas actividades que realiza el perro a lo largo de 24 horas.

Por otro lado, graficaremos un tablón del tiempo con cartulina, diferenciando las tres partes principales del día: mañana, tarde y noche.

El RI realizará preguntas, observaciones y deducciones para adivinar cuáles son las distintas actividades que se ubican en cada franja de tiempo. Contará con la ayuda de sus compañeros o del PI.

Cada vez que adivine una acción, el perro le llevará la fotografía en la boca con el fin que la coloque sobre el tablón.

El perro le ayudará haciendo la mímica de las diferentes acciones.

Variante:

– Fotografiar todas las actividades que realiza un RI durante el día y que el perro aparezca en ellas observándolo, para así, dentro de la TAA, trabajar la secuencia de las actividades de la vida diaria de la persona. Hacer un paralelismo entre los dos horarios.

COMANDOS PARA EL PERRO

- Permanecer quieto
- Dar un objeto
- Llevar un objeto
- Habilidades y mimica

MATERIAL

- Serie de fotografías del perro
- Serie de fotografías del RI/perro

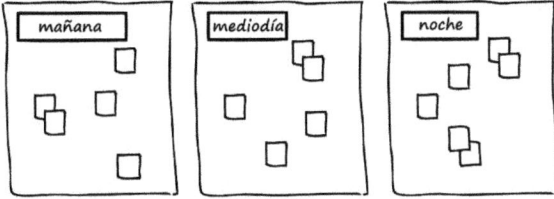

		Objetivos
Área psicomotriz	Coordinación motora	
	Estimulación sensorial	• Trabajar el tono de voz
	Percepción espacio-temporal	• Trabajar la modulación de la voz
	Esquema corporal	• Desarrollar la función simbólica
Área cognitiva	Atención y concentración	• Desarrollar el sentido de la observación
	Categorización	• Estimular la imaginación
	Memoria	• Mejorar la expresión y la comprensión del lenguaje
	Lenguaje y comunicación	• Mejorar pronunciation
Área socio-afectiva	Presentación	• Mejorar la planificación anticipada de las tareas
	Actividad	• Trabajar las actividades de la vida diaria
	Despedida y relajación	• Experimentar el placer de adivinar
	Juegos de mesa	

El objetivo del juego es que el RI memorice unas asociaciones entre números y partes del cuerpo del perro.

Presentaremos el perro al RI y le explicaremos que asociaremos cada una de las partes de su cuerpo con un número. El RI tocará una parte del cuerpo del perro y le lanzará un dado; esa parte se corresponderá con el número del dado que traiga de vuelta.

Haremos tantas asociaciones como queramos que sea complejo el ejercicio.

El perro estará en postura de "quieto". El PI dirá un número y el RI tocará la parte del cuerpo del perro correspondiente. Si acierta, le entregará un premio al perro.

Luego, el PI dirá una secuencia de dos números y el RI deberá tocar las dos partes correspondientes. Así incrementaremos la secuencia numérica.

Variante:

– Colocaremos unos aros de colores en el suelo. Cada parte del cuerpo del perro corresponderá a un color. El perro se sentará sobre un aro, entonces el RI le tocará la parte correspondiente a ese color. Luego, el perro hará una secuencia de dos sentadas en dos colores. El RI deberá tocar las dos partes del cuerpo correspondientes a esos colores y así sucesivamente.

COMANDOS PARA EL PERRO	MATERIAL
• Sentarse	• Dado numérico
• Permanecer quieto	• Dado de las partes del cuerpo
• Permanecer de pie	• Aros de colores
• Target de dirección	

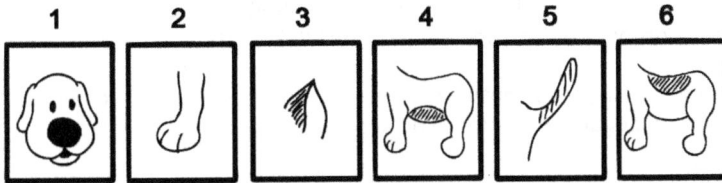

		Objetivos
Área psicomotriz	Coordinación motora	• Ejercitar la motricidad fina
	Estimulación sensorial	• Desarrollar el esquema corporal
	Percepción espacio-temporal	• Codificación y descodificación de símbolos
	Esquema corporal	• Desarrollar o evaluar la memoria visual
Área cognitiva	Atención y concentración	• Desarrollar o evaluar la memotia a corto plazo
	Categorización	
	Memoria	
	Lenguaje y comunicación	
Área socio-afectiva	Presentación	
	Actividad	
	Despedida y relajación	
	Juegos de mesa	

163

NOMBRES Y SECUENCIAS

El objetivo es realizar una actividad rejalada para identificar y memorizar las partes del cuerpo del perro.

El perro estará sobre una mesa en posición de "tumbado". Identificaremos cada parte del cuerpo con un tarjetón.

Entregaremos a cada RI un dibujo de la silueta del perro, con espacios para escribir el nombre de cada una de las partes del cuerpo.

El PI tocará al perro, entonces los participantes deberán completar su hoja escribiendo o pegando el nombre de la parte que aquél ha señalado.

Variantes:

– El RI colocará directamente los nombres sobre el cuerpo del perro.

– Señalar un punto sobre dibujo del perro. El RI deberá pegar una etiqueta autoadhesiva sobre el cuerpo del perro en el lugar indicado y otra en el mismo lugar de su propio cuerpo o el de un compañero.

– Girar la ruleta de las partes del cuerpo, identificar el resultado sobre el dibujo y sobre el perro. Luego, escribir su función.

– El PI iniciará una secuencia de las distintas partes del cuerpo, tocándolas o colocando una etiqueta sobre ellas; por turnos, los RI deberán repetirla en el mismo orden y agregar un elemento más al final de la serie.

COMANDOS PARA EL PERRO	MATERIAL
• Echarse • Permanecer quieto	• Dibujo de la silueta de un perro • Ruleta o dado de las partes del cuerpo • Lápiz • Pegamento • Etiquetas autoadhesivas de colores • Targetas de las partes del cuerpo

	Coordinación motora	Objetivos
Área psicomotriz	Estimulación sensorial	• Ejercitar la motricidad fina
	Percepción espacio-temporal	• Prestar atención al movimiento del otro
	Esquema corporal	• Desarrollar o evaluar la memoria visual
	Atención y concentración	• Desarrollar o evaluar la memoria a corto plazo
Área cognitiva	Categorización	• Reconocer las partes de un todo
	Memoria	• Practicar la lectura
	Lenguaje y comunicación	• Mejorar la expresión y comprensión del lenguaje
	Presentación	
Área socio-afectiva	Actividad	
	Despedida y relajación	
	Juegos de mesa	

165

AROS Y MEMORIA

El objetivo del juego es que el RI coloque aros en el cuerpo del perro y luego, a modo de recompensa, lance al perro tantas pelotas como aros haya logrado ubicar correctamente.

Con el perro de pie y en posición de "quieto", el PI le dirá al RI dónde debe colocarle el aro al perro. Podrán variar el color, el tamaño y la ubicación de los aros: derecha, izquierda, delante, detrás, arriba, abajo... O bien, podrá mostrar al RI una fotografía durante un tiempo determinado para que, luego, él reproduzca la imagen ubicando los aros alrededor del cuerpo del perro.

Una vez finalizada esta parte, el RI memorizará el conjunto y deberá reproducirlo sobre otro perro de terapia, sobre sí mismo o sobre un compañero.

Podemos incrementar la dificultad del ejercicio modificando la posición del segundo perro respecto a la del primero.

Finalmente, por cada aro que esté correctamente colocado, el RI ganará una pelota que le permitirá interactuar con el perro. Cada una de las pelotas implicará una orden que el RI deberá impartirle al perro antes de darle el premio: "siéntate", "la pata", "échate"...

Así, pues, el RI lanzará la pelota; con voz alta y clara le pedirá al perro que se la traiga de nuevo. Tomará la pelota y, antes de darle el premio al perro, le deberá dar la orden pertinente; si el perro lo hace correctamente, el RI le podrá dar el premio.

Es importante tener en cuenta el tono de la voz y la posición corporal a la hora de comunicarse correctamente con el perro de terapia.

Para finalizar el ejercicio, con el perro junto al RI, repasaremos toda la información de la actividad y el grado de satisfacción alcanzado.

COMANDOS PARA EL PERRO	MATERIAL
• Permanecer quieto	• Aros de distintos tamaños
• Sentarse	• Aros de colores
• Dar un objeto	• Láminas CTAC aros/cuerpo
• Coger el objeto	• Pelotas
• Permanecer de pie	
• Habilidades varias	

Área psicomotriz	Coordinación motora	Objetivos
	Estimulación sensorial	• Ejercitar memoria
	Percepción espacio-temporal	• Practicar funciones ejecutivas
	Esquema corporal	• Ejercitar la percepción espacio visual
Área cognitiva	Atención y concentración	• Ejercitar la orientación espacial
	Categorización	• Ejercitar la lateralidad
	Memoria	• Desarrollar el esquema corporal
	Lenguaje y comunicación	• Prestar atención a las órdenes
Área socio-afectiva	Presentación	• Mejorar la comprensión oral
	Actividad	• Experimentar el placer de logro
	Despedida y relajación	• Experimentar el placer de adivinar
	Juegos de mesa	

El objetivo es que el RI se relacione correcta y afectuosamente con el perro.

Le enseñaremos que el perro, a la orden de "beso", nos da un beso dónde nosotros se lo pidamos.

Lo demostraremos varias veces y, luego, le propondremos que le pida al perro un beso en el brazo y le dé un premio.

A continuación, el RI lanzará el dado de las partes del cuerpo del perro y deberá darle un beso al perro en ese lugar.

Una vez más, le pedirá al perro que le dé un beso y le dará un premio.

El RI volverá a lanzar el dado y besará al perro en el mismo lugar que lo besó anteriormente y le dará otro beso en el lugar que ha salido ahora en el dado.

Si lo hace correctamente, el perro le dará un beso al RI y esté le dará un premio.

El juego puede continuar con esta misma dinámica.

COMANDOS PARA EL PERRO

- Dar un beso
- Target de dirección

MATERIAL

- Dado de las partes del cuerpo
- Premios

Área psicomotriz	Coordinación motora	Objetivos
	Estimulación sensorial	• Ejercitar la percepción táctil
	Percepción espacio-temporal	• Desarrollar o evaluar la memoria a corto plazo
	Esquema corporal	• Reconocer las partes de un todo
Área cognitiva	Atención y concentración	• Desarrollar el lenguaje: expresión y comprensión
	Categorización	• Estimular el contacto corporal
	Memoria	
	Lenguaje y comunicación	
Área socio-afectiva	Presentación	
	Actividad	
	Despedida y relajación	
	Juegos de mesa	

PINZAS PERRUNAS

El objetivo del juego es que el RI ponga pinzas en el pelo del cuerpo del perro y las saque, siguiendo unas consignas.

Tendremos pinzas de distintos colores o con diferentes motivos decorativos con las que el RI podrá jugar (animales, prendas de vestir, estaciones del año, etc.).

El perro se colocará tumbado de lado. Le colocaremos unas pinzas en el pelaje del lomo o en otras partes del cuerpo. El PI le pedirá al RI que saque una de las pinzas en función del color, el motivo decorativo, etc.

Variantes:

– El RI lanzará el dado de las partes del cuerpo y deberá colocar la pinza en el lugar que indique el dado.

– Pediremos al RI que coloque una pinza de un determinado color en un lugar del cuerpo del perro y luego busque la lámina de esa parte del cuerpo o explique su función.

– Podemos decorar nosotros mismos las pinzas con letras, con el fin de escribir un mensaje en el pelo del perro.

– Podemos construir un perro con las pinzas que el chico vaya sacando del pelaje.

– El RI podrá usar cada una de las pinzas que quitó del pelaje del perro para darle un premio en la boca.

COMANDOS PARA EL PERRO	MATERIAL
• Echarse • Permanecer quieto	• Pinzas de colores • Pinzas con números • Pinzas decoradas con formas • Pinzas de distintos tamaños • Dado de las partes del cuerpo

		Coordinación motora	Objetivos
Área psicomotriz		Estimulación sensorial	• Ejercitar la motricidad fina
		Percepción espacio-temporal	• Ejercitar la coordinación óculo-manual
		Esquema corporal	• Desarrollar el esquema corporal
Área cognitiva		Atención y concentración	• Mejorar la comprensión oral
		Categorización	• Adquirir o ejercitar la noción de número o cantidad
		Memoria	• Adquirir o ejercitar la noción de colores
		Lenguaje y comunicación	• Adquirir o ejercitar la noción de tamaños
Área socio-afectiva		Presentación	• Adquirir o ejercitar la noción de formas
		Actividad	• Practicar la lectoescritura
		Despedida y relajación	• Categorizar
		Juegos de mesa	

AROS POR EL CUERPO

El objetivo del juego es que el RI coloque unos aros en el cuerpo del perro, tomando como modelo fotografías o las indicaciones que le dé el PI.

Situaremos al perro sobre una mesa y le daremos al RI un dado, cuyas caras son láminas en las que se observa a un perro con algunos aros alrededor de distintas partes de su cuerpo.

El RI lanzará el dado y, mirando la fotografía, identificará el nombre de la parte del cuerpo donde se encuentra ubicado el aro. A continuación, tocará esa parte del cuerpo del perro, la nombrará y, finalmente, le colocará el aro.

Se puede realizar este mismo juego haciendo que un compañero coloque los aros en el cuerpo del RI o bien que el perro acerque los aros y el RI se los ponga a sí mismo.

Variantes:

— Secuenciación de partes: cada vez que repitamos la operación de lanzar el dado, el RI deberá recordar la secuencia de las posiciones anteriores, desde el inicio del juego hasta el último que ha salido en la partida y volver a colocar todos los aros.

— El color y el tamaño de los aros pueden ser una variable.

— El RI buscará los aros en distintas partes de la sala, siguiendo las indicaciones espaciales del PI.

COMANDOS PARA EL PERRO	MATERIAL
• Permanecer de pie • Permanecer quieto • Llevar un objeto • Tocar con la pata o el hocico	• Aros de colores • Aros de distintos tamaños • Dado con cartas CTAC de aros/ partes del cuerpo

		Objetivos
Área psicomotriz	Coordinación motora	
	Estimulación sensorial	• Ejercitar la coordinación motora
	Percepción espacio-temporal	• Ejercitar la orientación espacial
	Esquema corporal	• Ejercitar la lateralidad
Área cognitiva	Atención y concentración	• Representación mental del esquema corporal
	Categorización	• Adquirir o ejercitar la capacidad de imitación
	Memoria	• Mejorar la comprensión oral
	Lenguaje y comunicación	• Enriquecer el vocabulario
Área socio-afectiva	Presentación	• Estimular la interacción y contacto corporal
	Actividad	
	Despedida y relajación	
	Juegos de mesa	

PINZAS CON ACCIONES

El objetivo del juego es que el RI realice distintas acciones junto con el perro, según el color de las pinzas que extraiga de distintos potes.

Antes de empezar el juego, identificaremos las acciones que al RI le gustaría realizar con el perro con unas pinzas de colores.

A continuación, llenaremos cuatro recipientes con distintos materiales, por ejemplo: agua, arena, arroz, crema, aceite, etc. Dentro de cada uno de ellos, introduciremos una pinza de cada color.

Por turnos, los RI introducirán sus manos en cada uno de los potes y sacaran una pinza. El RI deberá recordar cuál era la acción que se asociaba con ese color; entonces la podrá realizar con el perro: cepillar, lanzar una pelota, pasear, adiestrar, etc.

Durante la actividad, el PI les podrá pedir que recuerden de qué color eran las pinzas que han salido o cuáles han sido las acciones que se han realizado anteriormente.

Variantes:

— El objetivo será realizar un collar para el perro, con unas piezas de madera de colores y formas distintas. Las podemos clasificar por colores, por formas o por colores y formas. El RI lanzará los dados de colores o formas.
Se extraerá de los recipientes la pieza correcta para poder confeccionar el collar para el perro.

— El perro traerá una pelota de color, que indicará el pote en el que el RI deberá introducir sus manos.

COMANDOS PARA EL PERRO	MATERIAL
• Coger el objeto	• Pinzas de colores
• Dar un objeto	• Targetas de acciones
• Llevar un objeto	• Recipientes
• Permanecer de pie	• Materiales para rellenar los potes
	• Piezas de madera de colores
	• Piezas de madera de distintas formas
	• Pelotas de colores

	Coordinación motora	Objetivos
Área psicomotriz	Estimulación sensorial	• Ejercitar la percepción táctil
	Percepción espacio-temporal	• Ejercitar la motricidad fina
	Esquema corporal	• Desarrollar o evaluar la memoria visual
Área cognitiva	Atención y concentración	• Aceptación de las reglas sociales
	Categorización	• Estimular la cooperación grupal
	Memoria	• Estimular la memoria a corto plazo
	Lenguaje y comunicación	• Reducir la sensibilización a ciertos materiales
Área socio-afectiva	Presentación	
	Actividad	
	Despedida y relajación	
	Juegos de mesa	

175

DOMINÓ

El objetivo del juego es realizar una partida de dominó entre el terapeuta y el RI, con la ayuda del perro.

Por un lado, colocaremos las fichas de un dominó de madera y, junto a ellas, se ubicará el perro con su técnico. Al otro lado de la sala, estarán el RI y el terapeuta; cada uno, con unas cuantas fichas propias sobre la mesa de juego.

Al empezar la partida, el RI deberá indicarle a su compañero de juego "el perro" qué pieza del dominó quiere que le traiga, para así poder continuar jugando.

El perro seleccionará una y la llevará con un cesto o con la boca. El RI deberá comprobar si el perro ha acertado o no en su elección. Si la pieza es correcta, la colocará en la partida; si no, se lo dirá al perro amablemente y guardará la ficha para otra tirada.

Variantes:

– Las fichas del juego de dominó pueden tener números, colores o formas.

– La partida se jugará entre el RI y el perro. En este caso, el juego se desarrollará en el suelo. Cada uno de los jugadores de la partida, acompañados por el terapeuta y el técnico, tendrán sus propias fichas e indicarán cuál de ellas quieren colocar, si es necesario con la ayuda de su acompañante.

COMANDOS PARA EL PERRO	MATERIAL
• Sentarse	• Juego del domino
• Permanecer quieto	• Cesto
• Venir	
• Coger el objeto	
• Dar un objeto	
• Tocar con la pata o el hocico	
• Target de dirección	

	Coordinación motora	Objetivos
Área psicomotriz	Estimulación sensorial	• Ejercitar la coordinación óculo-manual
	Percepción espacio-temporal	• Prestar atención a las órdenes
	Esquema corporal	• Mejorar la comprensión oral
Área cognitiva	Atención y concentración	• Adquirir o ejercitar la noción de números o cantidad
	Categorización	• Adquirir o ejercitar la noción de los colores
	Memoria	• Adquirir o ejercitar la noción de las formas geométricas
	Lenguaje y comunicación	• Desarrollar o evaluar la memoria visual
Área socio-afectiva	Presentación	• Aprender y respetar las normas
	Actividad	• Cooperación
	Despedida y relajación	
	Juegos de mesa	

177

El objetivo del juego es que los RI compongan una canción con las onomatopeyas de los animales.

Sentados en una ronda, les mostraremos una serie de conos o pañuelos de colores, debajo de cada uno de los cuales se esconde la lámina de un animal y un número.

Por turnos y acompañados por el perro, deberán encontrar cuál es el cono correspondiente al animal que sus compañeros le indiquen. El participante levantará el cono o el pañuelo. El perro agarrará la lámina.

Si ha acertado, entregará al perro la misma cantidad de premios que indique el número escondido; si no, el perro ladrará.

A continuación, volveremos a repasar la ubicación de cada uno de los animales imitando su sonido característico.

Luego, el perro se detendrá delante de cada cono, siguiendo un orden. Los participantes imitarán el sonido del animal que está escondido en el lugar en que se detenga el perro, componiendo así una canción de onomatopeyas.

Finalmente, el perro se sentará frente a uno de los conos y quien adivine primero cuál es el animal escondido bajo ese cono, podrá acariciar primero al perro para despedirse.

COMANDOS PARA EL PERRO	MATERIAL
• Caminar al lado	• Conos o pañuelos de colores
• Coger el objeto	• Cartas o figuas de animales
• Dar un objeto	• Premios
• Permanecer quieto	• Fichas numéricas
• Cono	
• Ladrar	
• Premio a la orden	

		Objetivos
Área psicomotriz	Coordinación motora	
	Estimulación sensorial	• Ejercitar la percepció auditiva
	Percepción espacio-temporal	• Prestar atención a las órdenes
	Esquema corporal	• Desarrollar o evaluar la memoria auditiva, visual y a corto plazo
Área cognitiva	Atención y concentración	• Estimular creatividad e imaginación
	Categorización	• Desarrollar pre-verbal lenguaje
	Memoria	• Desarrollar lenguaje : expresión y comprensión
	Lenguaje y comunicación	• Estimular las interacciones sociales
Área socio-afectiva	Presentación	• Aprender y respetar las normas
	Actividad	
	Despedida y relajación	
	Juegos de mesa	

IMITAR LAS SECUENCIAS

El objetivo del juego es que el RI memorice una secuencia realizada por el perro y a continuación la realice él mismo, con el perro o sin él.

Diseñaremos una cuadrícula en el suelo con los elementos de queramos trabajar: números, colores, formas, nombres, habilidades, etc.

El perro recorrerá la cuadrícula, sentándose a la orden en determinados puntos. La velocidad del recorrido del perro se adecuará al nivel de exigencia requerido para el trabajo del RI.

El RI deberá reproducir la secuencia, pasando por los mismos lugares en donde se sentó el perro y en el mismo orden.

Variantes:

— Realizar la secuencia con aros de colores dispuestos en línea. En cada aro el perro realizará la habilidad indicada en una fotografía. El RI memorizará el color del aro y la acción correspondiente. Luego, daremos la vuelta a las fotos y el RI le pedirá al perro que realice las habilidades respectivas. Se pueden cambiar los aros de lugar y volver a pedirle al RI que realice la habilidad correspondiente a cada color.

— Asociar algunas acciones con colores. Realizar una acción con el perro, según el color del cono: acariciar, cepillar, dar un premio, tocar una parte de su cuerpo, etc. Posteriormente , marcaremos una secuencia de colores lanzando el dado de los colores. El RI junto con el perro realizarán las acciones siguiendo el orden de la secuencia de colores.

COMANDOS PARA EL PERRO	MATERIAL
• Sentarse • Target de dirección • Habilidades	• Conos de colores • Aros de colores • Cepillos • Piezas de 4x4 con ítems a trabajar

	Coordinación motora	Objetivos
Área psicomotriz	Estimulación sensorial	• Desarrollar o evaluar la memoria visual
	Percepción espacio-temporal	• Desarrollar o evaluar la memoria a corto plazo
	Esquema corporal	• Desarrollar la capacidad de observación
Área cognitiva	Atención y concentración	• Ejercitar la coordinación global
	Categorización	• Prestar atención al movimiento del otro
	Memoria	• Adquirir o ejercitar la capacidad de imitación
	Lenguaje y comunicación	• Aceptar las normas de interacción social
Área socio-afectiva	Presentación	
	Actividad	
	Despedida y relajación	
	Juegos de mesa	

ESPEJO DE NOMBRES

El objetivo es que el RI reproduzca las acciones realizadas por sus compañeros.

Situaremos al perro frente al grupo, junto con un cesto lleno de juguetes y de utensilios con los que él puede interactuar: pelotas, aros, cepillos, plato de agua, plato de comida, collar, correa, etc.

El grupo se dividirá en parejas, las que, por turnos, se acercarán al perro. Uno de ellos se dirigirá hacia al perro, le dirá su nombre en voz alta, escogerá uno de los objetos del cesto y realizará una actividad con él.

A continuación, su pareja se acercará al perro, dirá su nombre, tomará el mismo utensilio que su compañero y, con él, imitará lo que su amigo ha hecho, de cara al grupo. Ellos evaluarán si la imitación del compañero ha sido satisfactoria. Si es así, ambos amigos podrán darle premios al perro.

Variante:

– Haremos un círculo. Por turnos, un participante se acercarán al perro e imitará, en el orden correcto, las acciones que realizaron los compañeros anteriores. Luego agregará una nueva acción a la serie. Al finalizar, volverá a su sitio y escogerá a otro de los participantes para trabajar con el perro. Este saldrá al centro y repetirá el nombre y la acción de sus anteriores compañeros en el orden correcto.

COMANDOS PARA EL PERRO

• Permanecer quieto
• Sentarse
• Premio
• Habilidades

MATERIAL

• Objetos de higiene del perro
• Juguetes del perro

		Coordinación motora	Objetivos
Área psicomotriz		Estimulación sensorial	• Prestar atención al movimiento del otro
		Percepción espacio-temporal	• Adquirir o ejercitar la capacidad de imitación
		Esquema corporal	• Desarrollar o evaluar la memoria visual
Área cognitiva		Atención y concentración	
		Categorización	• Desarrollar el sentido de la observación
		Memoria	• Favorecer la socialización
		Lenguaje y comunicación	
Área socio-afectiva		Presentación	
		Actividad	
		Despedida y relajación	
		Juegos de mesa	

EMPAREJAR LOS CALCETINES

El objetivo del juego es que el RI identifique las parejas correctas de calcetines.

En la sala habrá dos cestos, cada uno de los cuales contendrá un calcetín de cada par. El perro traerá un calcetín y el RI deberá encontrar la pareja antes de que el perro realice un determinado recorrido.

Si logra emparejar los calcetines, le dará al perro el premio que estará escondido dentro del segundo calcetín.

Finalmente, cuando todas las parejas estén reunidas, el RI le colocará los calcetines al perro siguiendo las consignas del PI: lisos, los de color rojo en las patas, etc.

Variantes:

— El RI tiene una pila de calcetines desapareados. Para lograr hacer las parejas respectivas deberá realizar las consignas que le proponga el terapeuta: responder a preguntas concretas, recorrer un circuito, solicitar una habilidad correctamente y, luego de cada etapa, obtener un calcetín. Finalmente, podrá vestir al perro con los pares conseguidos.

— Colocaremos sobre el lomo del perro un calcetín de cada par. Luego se entregará al RI el otro calcetín para que él coloque cada uno sobre el par correspondiente.

COMANDOS PARA EL PERRO	MATERIAL
• Coger el objeto • Echarse • Permanecer quieto • Soltar el objeto	• Calcetines de diferentes -colores -texturas -patrones • Cestos

Área psicomotriz	Coordinación motora	Objetivos
	Estimulación sensorial	• Ejercitar la motricidad fina
	Percepción espacio-temporal	• Desarrollar el esquema corporal • Ejercitar la lateralidad
	Esquema corporal	• Prestar atención a las consignas
Área cognitiva	Atención y concentración	• Adquirir o ejercitar la noción de colores
	Categorización	• Adquirir o ejercitar la noción de tamaño
	Memoria	• Establecer correspondencias entre los objetos
	Lenguaje y comunicación	• Reconocer las propiedades de los objetos
Área socio-afectiva	Presentación	• Experimentar el placer por la sensación de logro
	Actividad	
	Despedida y relajación	
	Juegos de mesa	

COLLARETE DE COLORES

El objetivo es realizar un collar de piezas de distintos colores para colocarle al perro en el cuello.

Daremos al RI un cesto lleno de piezas de distintos colores. El perro se sentará frente a un cubilete cuyo color le indicará al RI qué piezas deberá escoger, con la ayuda del PI. El RI las depositará en el cubilete delante del cual se ha sentado el perro.

Una vez que el RI tenga todas las fichas separadas por colores en los cuencos, podrá empezar a realizar el collar seleccionando aquella forma que el perro le indique.

El perro escogerá la forma geométrica:

– sentándose delante de un aro que contenga una lámina de dicha forma
– trayendo al RI un dado con formas geométricas
– mediante un target a láminas en la pared

Finalmente, con la cuenta del color y forma correctas, la enhebrará en el hilo. Para ello, le puede pedir ayuda al perro para que tire de la punta del hilo cuando haya pasado la cuerda por el hueco. Finalmente le colocará el collar al perro.

Variantes:

– Le daremos una plantilla con la secuencia de fichas que debe ensartar para confeccionar el collar. El chico deberá comunicarlo correctamente al perro y será éste quien seleccione la cuenta con el hocico. Si resulta ser la correcta la tirará dentro de un cesto.

– La misma actividad se llevará a cabo con piezas cotidianas que se puedan enhebrar. Esta variante permite trabajar con las actividades de la vida diaria.

COMANDOS PARA EL PERRO	MATERIAL
• Tocar con la pata o el hocico en la pared	• Piezas para hacer collares
• Target de dirección	• Objetos quotidianos para enhebrar
• Sentarse a distancia	• Aros y cuencos de colores
• Coger el objeto	• Láminas con formas geométricas
• Echarse	• Dado con formas geométricas
• Estira	

Área psicomotriz	Coordinación motora	Objetivos
	Estimulación sensorial	• Ejercitar la percepción visual: fondo-figura
	Percepción espacio-temporal	• Adquirir o ejercitar la noción de los colores
	Esquema corporal	• Adquirir o ejercitar la noción de las formas geométricas
Área cognitiva	Atención y concentración	• Ejercitar la coordinación óculo-manual
	Categorización	• Desarrollar la interacción social
	Memoria	• Favorecer la autoestima
	Lenguaje y comunicación	
Área socio-afectiva	Presentación	
	Actividad	
	Despedida y relajación	
	Juegos de mesa	

187

TROZITOS DE LANA

El objetivo de esta actividad es que los RI clasifiquen unas hebras de lana por colores y tamaños.

Prepararemos el juego cortando hebras de lana de distintos colores y longitudes. Con el perro tumbado sobre una mesa, colocaremos las hebras por encima y por debajo de su cuerpo.

Los RI deberán tomar las hebras por turnos y clasificarlas según el color y la longitud. Al final, se puede realizar un collage con las hebras de lana.

Variantes:

– Buscar las hebras en las partes del cuerpo del perro que indique el PI.

– Buscarlas según el color que indique el PI o el dado de colores.

– Las hebras podrán estar más o menos visibles, en función de los objetivos que se desee trabajar.

– Podemos esconder dibujos de huesos de distintos colores y tamaños. Los RI los encontrarán por medio del tacto y la observación.

– Se pueden esconder láminas de objetos cotidianos o figuras en relieve.

– Se pueden esconder premios.

– Podemos esconder las piezas de un rompecabezas. El RI lo armará cuando haya encontrado todas las piezas.

COMANDOS PARA EL PERRO	MATERIAL
• Echarse • Permanecer quieto	• Mesa • Carretes de lana de colores • Tijeras • Cartulina • Objetos para esconder

		Objetivos
Área psicomotriz	Coordinación motora	
	Estimulación sensorial	• Ejercitar la coordinación óculo-manual
	Percepción espacio-temporal	• Ejercitar la percepción táctil
	Esquema corporal	• Desarrollar el esquema corporal
Área cognitiva	Atención y concentración	• Adquirir o ejercitar la noción de colores y tamaños
	Categorización	• Reconocer las partes de un todo
	Memoria	• Mejorar la expresión y la compresion del lenguaje
	Lenguaje y comunicación	• Estimular la interacción grupal y la socialización
Área socio-afectiva	Presentación	• Aprender y respetar las normas sociales
	Actividad	
	Despedida y relajación	
	Juegos de mesa	

El objetivo del juego es que el RI dé de comer al perro en función de su tamaño.

Colocaremos en el suelo cuatro aros de colores distintos y, dentro de cada uno de ellos, un número. Cada aro será la casa de un perrito de juguete de tamaño grande o pequeño.

El RI lanzará el dado o hará girar la ruleta de los colores y tomará tantos premios como indique el número del aro del color obtenido.

Los premios se entregarán al perro de terapia cuyo aspecto se corresponda con el del perrito de juguete del aro ganador.

Variantes:

Podemos cambiar el ejercicio si asociamos cada aro con:

> nombres
> adverbios
> verbos
> otras magnitudes
> conceptos aritméticos: resultados de operaciones matemáticas

El PI indicará un aro. El RI deberá acercarse a él y tomar tantos premios cómo indique el número, para dárselos al perro que se asocie a la consigna de ese aro.

COMANDOS PARA EL PERRO	MATERIAL
• Sentarse	• Aros
• Permanecer quieto	• Dado de colores
• Premio a la orden	• Dado numérico
	• Premios

Área psicomotriz	Coordinación motora	Objetivos
	Estimulación sensorial	• Mejorar la comprensión oral
	Percepción espacio-temporal	• Adquirir o ejercitar la noción de números: cantidad
	Esquema corporal	• Adquirir o ejercitar la noción de colores
Área cognitiva	Atención y concentración	• Adquirir o ejercitar la noción de tamaños
	Categorización	• Adquirir o ejercitar la noción de formas geométricas
	Memoria	• Establecer correspondencias entre objetos
	Lenguaje y comunicación	• Reconocer las propiedades de los objetos
Área socio-afectiva	Presentación	• Adquirir nociones de aritmética
	Actividad	
	Despedida y relajación	
	Juegos de mesa	

HÁBITOS DE HIGIENE

El objetivo de esta actividad es trabajar los hábitos de higiene del RI, a través de la higiene del perro.

El PI hará una introducción a la actividad. Explicará que hay tareas que el perro por sí solo no puede realizar y necesita de nuestra ayuda. Si logramos hacerlo por él, ¿cómo no lo vamos hacer por nosotros mismos?

Demostraremos los distintos hábitos del perro y los nuestros con láminas que ilustren las acciones: bañarse, peinarse, lavarse los dientes, cortarse las uñas, asearse la cara.

Una vez elegido el hábito para trabajar, el perro traerá los utensilios que el RI indique.

Luego, el perro podrá traer en un cesto, los utensilios que utilizará el propio RI para ejercitar ese mismo hábito.

Variantes:

– El perro puede decidir, por medio de láminas o círculos, qué hábito trabajarán con el RI.

– El RI lanzará el dado de la partes del cuerpo e indicará qué hábito es el apropiado para esa zona.

COMANDOS PARA EL PERRO	MATERIAL
• Sentarse	• Utensilios de higiene del perro
• Echarse	• Utensilios de higiene del RT
• Tumbarse	• Dado de las partes del cuerpo
• Permanecer quieto	• Aros de colores
• Dientes	• Dado de colores
• Target de dirección de lugar	• Láminas representativas

Área psicomotriz	Coordinación motora	Objetivos
	Estimulación sensorial	• Ejercitar la coordinación dinámica global
	Percepción espacio-temporal	• Estimular la percepción sensorial
	Esquema corporal	• Favorecer la adherencia al programa
Área cognitiva	Atención y concentración	• Favorecer el respeto y la autoestima
	Categorización	• Mejorar la planificación anticipada de tareas
	Memoria	• Desarrollar o evaluar la memoria visual
	Lenguaje y comunicación	
Área socio-afectiva	Presentación	
	Actividad	
	Despedida y relajación	
	Juegos de mesa	

El objetivo del juego es que el RI adquiera los hábitos de alimentar al perro en forma saludable.

El RI deberá identificar los ingredientes con los que se prepara el pienso de los perros. Para ello, le explicaremos el proceso de fabricación del alimento y el RI deberá adivinar o identificar los productos correspondientes.

El RI debe saber que cada perro tiene su propia pauta de alimentación, así como una determinada dosificación que es importante respetar.

En primer lugar, el RI le pedirá al perro que se siente y espere. Luego, ante la atenta mirada del perro, preparará el plato de comida. Finalmente le indicará que se acerque a comer.

En el caso de que queramos que este ejercicio se realice durante la semana con el perro de la familia, prepararemos una plantilla semanal con los horarios y las cantidades que debe comer.

Según el grado de implicación que busquemos, podemos indicarle al RI que mire cómo come el perro para que, por ejemplo, le dé la comida con cuchara o bien granito a granito.

Variante:

– Si tenemos un grupo de perros junto al RI, identificaremos cada perro con un color y su nombre. Lanzaremos el dado de colores y el RI tendrá que dar de comer al perro cuyo color salió seleccionado, pero antes deberá decir su nombre. El objetivo de esta actividad es trabajar los hábitos de higiene del RI, a través de la higiene del perro.

COMANDOS PARA EL PERRO	MATERIAL
• Sentarse	• Verduras
• Permanecer quieto	• Arroz
• Venir	• Pollo
	• Agua
	• Pienso
	• Platos
	• Vaso medidor

	8 a.m.	12 a.m.	16 p.m.	20 p.m.
lunes			X	
martes	X			
miércoles				
jueves		X		
viernes				
sábado				X
domingo				

		Objetivos
Área psicomotriz	Coordinación motora	
	Estimulación sensorial	• Ejercitar la percepción táctil
	Percepción espacio-temporal	• Ejercitar la percepción gustativa • Ejercitar la percepción olfativa
	Esquema corporal	• Mejorar la comprensión oral
Área cognitiva	Atención y concentración	• Adquirir o ejercitar la noción de número: cantidad
	Categorización	• Desarrollar o evaluar la memoria a corto plazo
	Memoria	• Desarrollar o evaluar la memoria visual
	Lenguaje y comunicación	• Desarrollar el lenguaje y enriquecer el vocabulario
Área socio-afectiva	Presentación	• Aprender los nombres de los perros
	Actividad	• Aprender y respetar las normas sociales
	Despedida y relajación	
	Juegos de mesa	

195

EL PERRO EN EL ESPACIO

El objetivo del juego es trabajar conceptos espaciales en relación con el perro.

Para empezar, jugaremos a hacer imitaciones. El RI deberá colocarse en referencia a un objeto de la misma forma en la que el técnico (TIA) haya colocado al perro respecto de ese mismo objeto. Por ejemplo: si el perro está sobre una mesa, el RI deberá subirse a la mesa y podrá verbalizar la consigna en voz alta.

Luego, con la ayuda de un soporte gráfico o sin él, le pediremos al RI que coloque al perro en distintos lugares del aula: debajo de la mesa o sobre ella, delante o detrás de una silla. Si realiza la acción correctamente, el RI ganará un premio que le podrá dar al perro a cambio de una determinada habilidad canina.

Podríamos, a su vez, introducir la técnica de economía de fichas: cada vez que consiga un determinado número de aciertos (equiparables a fichas), el perro ejecutará una habilidad.

A continuación, el perro le mostrará una tarjeta al RI: se la acercará sosteniéndola con la boca o le dejará que la saque de un bolsillo de su Manta de terapia CTAC. El RI deberá situarse rápidamente en la posición del espacio que le indique la tarjeta, en relación con un objeto del aula (por ejemplo, lejos de la mesa) o del perro (por ejemplo, debajo de él).

Variantes:

– Incluir más de un RI para favorecer la comunicación entre los participantes.

– Incorporar más de un perro para trabajar la discriminación.

– Que el RI se coloque en la misma posición y orientación que el perro.

– Contar una historia en la que aparezcan conceptos espaciales. A medida que el PI la relate, el RI deberá ubicar al perro utilizando los comandos apropiados.

– Colocar aros en el cuerpo del perro, según las cartas temáticas de CTAC.

COMANDOS PARA EL PERRO	MATERIAL
• Permanecer de pie	• Mobiliario de psicomotricidad
• Sentarse	• Aros
• Permanecer quieto	• Manta de terapia CTAC
•Habilidades caninas vistosas	• Tarjetas de aros CTAC

Área psicomotriz	Coordinación motora	Objetivos
	Estimulación sensorial	• Ejercitar la coordinación óculo-motriz
	Percepción espacio-temporal	• Ejercitar la percepción espacio-visual
	Esquema corporal	• Ejercitar la orientación espacial
Área cognitiva	Atención y concentración	• Desarrollar el esquema corporal • Adquirir o ejercitar la noción de espacio y dirección
	Categorización	• Adquirir o ejercitar la capacidad de imitación
	Memoria	• Desarrollar o evaluar la memoria a corto plazo
	Lenguaje y comunicación	• Desarrollar el sentido de la observación
Área socio-afectiva	Presentación	
	Actividad	• Estimular las relaciones de ayuda
	Despedida y relajación	• Experimentar el placer por la sensación de logro
	Juegos de mesa	

VESTIDOS DE COLORES

El objetivo del juego es identificar diferentes tipos de ropa y trabajar las habilidades del proceso de vestirse.

Le pediremos al RI que reparta por el suelo unos globos de colores, formas o números. El PI colocará una pieza de ropa del perro o del RI junto a cada una de estas figuras aleatoriamente.

A continuación, el RI extraerá de los bolsillos de la Manta de terapia CTAC una o varias cartas que le indicarán a qué número, color o figura deberá enviar al perro para que recoja una de las piezas de ropa. En el caso de que no se disponga de la manta, el PI le puede brindar una baraja con distintas cartas para que el RI elija una al azar.

Cuando el perro llegue al lugar correcto, el RI lo felicitará; el perro agarrará la pieza de ropa que se encuentra allí y se la llevará al RI. Éste identificará la pieza de ropa y repetirá la acción para conseguir el resto de las prendas de vestir.

Finalmente, el usuario se vestirá siguiendo el orden correcto de las distintas piezas de ropa.

Variantes:

— Discriminar entre la ropa del perro y la suya.

— Discriminar las prendas de acuerdo con las condiciones climáticas o las estaciones del año

COMANDOS PARA EL PERRO	MATERIAL
• Coger el objeto	• Variedad de ropa
• Llevar un objeto con la boca	• Variedad de cierres del vestir
• Dar un objeto a la mano	• Elementos de marca (globos,
• Permanecer quieto	conos, números, formas...
• Permanecer de pie	• Manta de terapia CTAC
• Target de dirección	• Baraja de cartas
• Echarse	
• Soltar el objeto al suelo	

		Objetivos
Área psicomotriz	Coordinación motora	• Ejercitar la coordinación óculo-motriz
	Estimulación sensorial	• Ejercitar la coordinación óculo-manual
	Percepción espacio-temporal	• Ejercitar la percepción táctil
	Esquema corporal	• Desarrollar el esquema corporal
Área cognitiva	Atención y concentración	• Desarrollar y controlar la fuerza muscular
	Categorización	• Reconocer los objetos
	Memoria	• Desarrollar la función simbólica
	Lenguaje y comunicación	• Estimular la imaginación
Área socio-afectiva	Presentación	• Enriquecer el vocabulario
	Actividad	• Agrupar por clase: grupos
	Despedida y relajación	• Estimular la interacción grupal y la comunicación
	Juegos de mesa	

El objetivo de la actividad es que el RI manipule distintos cierres para fomentar en él la autonomía para vestirse.

El perro traerá al RI distintas prendas de ropa con diferentes tipos de cierre. Éste las manipulará y memorizará el tipo de cierre de cada una de las piezas. Luego las colocará en el suelo, formando una línea recta y de manera tal que no puedan verse los cierres.

A continuación, el RI tomará una carta de la manta CTAC o de la baraja que le facilite el PI, con la imagen de un tipo de cierre. Después de observarla, deberá recordar cuál era la pieza de ropa que tenía un cierre similar. Este ejercicio se repetirá hasta que todas las piezas de ropa queden aparejadas con los cartones.

Variantes:

- Armaremos un circuito de conos en el salón y dispondremos de algunas correas de psicomotricidad de CTAC, diseñadas con diferentes cierres.

- El PI le mostrará al RI una secuencia de las cartas que ilustraran los distintos cierres. El RI deberá memorizar la secuencia, por ejemplo: hebilla, cremallera, velcro.

- El RI realizará un paseo junto con el perro, recorriendo el circuito de conos.
  En cada uno de ellos, depositará en el suelo la correa con que estaba paseando al perro y tomará de todas las correas que estén en ese cono, aquella que corresponda a la siguiente carta de la secuencia.

COMANDOS PARA EL PERRO	MATERIAL
• Dar un objeto a la mano	• Ropa con distintos cierres
• Target de dirección	• Tarjetas de cierres
• Coger el objeto	
• Llevar un objeto con la boca	
• Permanecer de pie	

Área psicomotriz	Coordinación motora	Objetivos
	Estimulación sensorial	• Adquirir o ejercitar la capacidad de simbolización
	Percepción espacio-temporal	• Adquirir o ejercitar la capacidad de concentración
	Esquema corporal	• Desarrollar o evaluar la memoria visual
Área cognitiva	Atención y concentración	• Desarrollar el lenguaje : expresión y compresión
	Categorización	• Reconocer las partes de un todo
	Memoria	• Establecer correspondencias entre objetos
	Lenguaje y comunicación	• Reconocer las propiedades de los objetos
Área socio-afectiva	Presentación	
	Actividad	
	Despedida y relajación	
	Juegos de mesa	

El objetivo de la actividad es que los RI interactúen entre ellos, a la vez que memorizan pequeños recorridos.

Los RI se colocarán de pie formando un círculo, de modo que dejen un amplio espacio entre cada uno de ellos. El TIA junto con el perro realizará una ronda siguiendo el sentido de las agujas del reloj y saludará en voz alta a cada uno de los participantes, con el fin de recordar los nombres de cada uno de ellos.

Por turnos, los RI agarrarán por la correa al perro y se desplazarán por dentro del círculo hasta un compañero con el que entablarán una pequeña conversación antes de entregarle el perro.

El tema de su pequeño diálogo puede ser variado, en función de los objetivos que deseemos trabajar: una presentación entre ellos y del perro; un intercambio de cumplidos sobre el aspecto físico del compañero, sobre cosas que sabemos que hace muy bien, sobre su manera de ser o sobre su manera de comportarse.

Una vez terminada la conversación, el RI1 le entregará el perro al RI2 y volverá a su lugar de partida, mientras que el RI2 va a conversar con el RI3 y así sucesivamente.

Variantes:

– Ataremos una cuerda muy larga al collar del perro y mientras los RI se mantienen en su lugar el perro irá rodeándolos de uno a otro fomentando la conversación entre ellos en voz alta. Finalmente quedarán todos los RI unidos por una red de cuerda.

– Los RI se lanzarán una pelota gigante unos a otros, mientras el perro corre detrás de ella.

COMANDOS PARA EL PERRO	MATERIAL
• Permanecer quieto	• Correa
• Target de dirección	
• Permanecer de pie	
• Caminar al lado	

		Objetivos
Área psicomotriz	Coordinación motora	
	Estimulación sensorial	• Desarrollar la interacción social
	Percepción espacio-temporal	• Estimular la interacción grupal y la comunicación
	Esquema corporal	• Aprender y respetar las normas sociales
Área cognitiva	Atención y concentración	• Estimular la escucha activa
	Categorización	• Saber escuchar sin interferencias
	Memoria	• Favorecer las relaciones de afinidad
	Lenguaje y comunicación	• Experimentar la desinhibición
Área socio-afectiva	Presentación	• Dar un marco ritual a la fase de presentación
	Actividad	• Garantizar la simetría en el tiempo
	Despedida y relajación	
	Juegos de mesa	

LAS IDENTIFICACIONES

El objetivo de esta actividad es diseñar unos tarjetones con los nombres de cada RI para facilitar la comunicación entre todos los participantes de la actividad. Facilitaremos también la interacción del TAA con los participantes, al poder dirigirse a ellos por su nombre.

Antes de empezar la sesión de TAA, los RI pueden hacer su propia identificación escribiendo su nombre junto a un dibujo de un perro, a una plantilla para pintar, a un dibujo de ellos mismos o simplemente sobre una tarjeta en blanco.

Luego, los RI junto con el TIA realizarán la placa identificativa del perro: un hueso que los participantes decorarán, a medida que el técnico les presente al perro de terapia y favorezca las primeras interacciones.

Podrán tomar los objetos para decorar el hueso identificativo del perro directamente. También, para fomentar la interacción entre los RI y el perro, este último podrá tener ocultos algunos lápices debajo de su cuerpo o también se los podrá alcanzar a los RI que lo llamen dentro de un cesto, que contendrá papel pinocho o goma eva, lápices, rotuladores, etc.

Variante:

– Cada participante deberá escribir en su tarjetón cualidades positivas que ellos posean.

COMANDOS PARA EL PERRO

- Venir
- Echarse
- Llevar un objeto con la boca
- Target de dirección
- Permanecer quieto
- Dar un objeto en la mano

MATERIAL

- Plantillas para pintar
- Materiales para dibujar

	Coordinación motora	Objetivos
Área psicomotriz	Estimulación sensorial	• Reforzar el concepto positivo de sí mismo
	Percepción espacio-temporal	• Promover el autoconocimiento
	Esquema corporal	• Tomar conciencia de las propias capacidades
Área cognitiva	Atención y concentración	• Saber expresar interés por los demás
	Categorización	• Aprender los nombres • Estimular la socialización
	Memoria	• Presentación inicial
	Lenguaje y comunicación	• Aprender y respetar las normas sociales
Área socio-afectiva	Presentación	• Estimular la interacción grupal y la comunicación
	Actividad	• Ejercitar la motricidad fina
	Despedida y relajación	• Ejercitar la coordinación óculo-manual
	Juegos de mesa	

CIRCUITOS

El objetivo de la actividad es que el RI recorra una cuadrícula con el perro, siguiendo un modelo.

Dibujaremos en el suelo una cuadrícula de cuatro por cuatro, es decir dieciséis puntos o setas. Prepararemos unos tarjetones con dieciséis puntos a los que uniremos con distintos recorridos, de menor a mayor complejidad.

El perro le traerá un tarjetón al RI, quien deberá observarlo atentamente durante unos instantes. Luego, recorrerá el camino ante la atenta mirada del perro. Al llegar a la meta, interactuará con él y luego volverá a recorrer el camino en sentido inverso para poder entregarle un premio al perro.

Para facilitar la tarea, el RI podrá realizar el trayecto con el tarjetón en la mano.

Variante:

— El RI deberá guiar el desplazamiento del perro dentro de la cuadrícula para que pueda alcanzar la meta. Para hacerlo, le dará instrucciones del tipo: dos puntos a la derecha, un punto hacia abajo, tres puntos hacia la izquierda,etc.

COMANDOS PARA EL PERRO	MATERIAL
• Caminar al lado • Dar un objeto en la mano • Llevar un objeto con la boca • Habilidades varias	• Tarjetones de circuitos • 16 setas o adhesivos para marcar el circuito • Tarjetas de habilidades

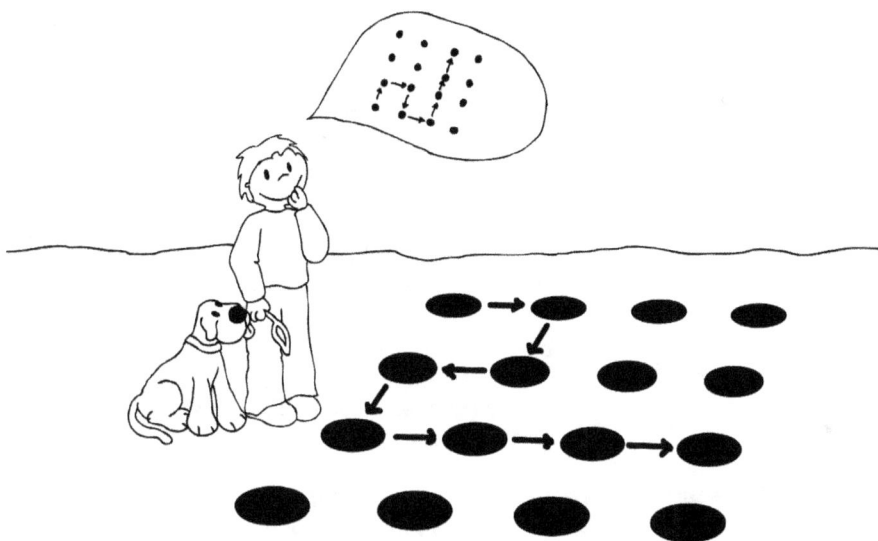

		Objetivos
Área psicomotriz	Coordinación motora	
	Estimulación sensorial	• Ejercitar la percepción espacio-visual
	Percepción espacio-temporal	• Ejercitar la coordinación óculo-motriz
	Esquema corporal	• Desarrollar o evaluar la memoria visual
Área cognitiva	Atención y concentración	• Aprender y respetar las normas
	Categorización	• Aprender a decidir
	Memoria	• Aprender a equivocarse
	Lenguaje y comunicación	• Mejorar la capacidad de tomar decisiones
Área socio-afectiva	Presentación	
	Actividad	
	Despedida y relajación	
	Juegos de mesa	

SUMAS Y RESTAS CANINAS

El objetivo de la actividad es motivar al RI a realizar operaciones matemáticas simples.

Hay diversas manera divertidas de implicar al perro en estas operaciones

— Representación de las sumas y restas: El RI colocará tantos aros en la boca o en el cuello como el resultado de la operación que le presente el PI. Por ejemplo, el PI pedirá que resuelva la suma: 3+5. El RI deberá contestar: "ocho". A continuación, colocará ocho aros al cuello del perro. El PI le pedirá que reste dos del resultado. El RI dirá: "seis" y sacará dos aros. El PI le dirá que sume cuatro. El RI resolverá la suma y deberá colocar cuatro aros al perro. Finalmente, al contarlos, el perro deberá tener diez aros alrededor de su cuello.

— Entrega de premios: el RI entregará tantos premios al perro como el resultado de la operación matemática resultante de lanzar los dados matemáticos. Mediante los premios se ejemplifican las distintas operaciones de suma y de resta.

— Yincana de operaciones: podemos esconder operaciones matemáticas en un circuito de psicomotricidad que el RI realizará junto con el perro. En cada cono el RI encontrará una operación matemática cuyo resultado equivaldrá a una determinada habilidad o acción que deberá realizar con el perro.

— Caminito de sumas y restas: el RI deberá llegar caminando en línea recta a una meta junto con el perro. Avanzará tantos pasos como obtenga en resultado de las sumas y retrocederá tantos pasos como dé el resultado de las restas.

— Podemos pedirle al perro que exprese con ladridos el resultado de una suma o de una resta y que el RI decida si el perro lo ha hecho correctamente.

COMANDOS PARA EL PERRO

- Contacto visual
- Sentarse
- Permanecer quieto
- Ladrar
- Habilidades varias

MATERIAL

- Conos
- Aros

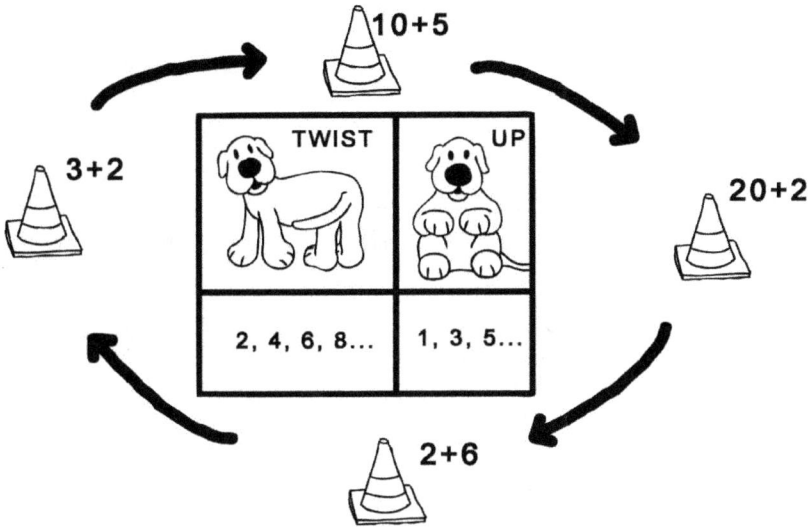

	Coordinación motora	Objetivos
Área psicomotriz	Estimulación sensorial	• Prestar atención a las órdenes
	Percepción espacio-temporal	• Adquirir o ejercitar la noción de número: cantidad
	Esquema corporal	• Reconocer visualmente los números
	Atención y concentración	• Establecer correspondencias entre objetos
Área cognitiva	Categorización	• Adquirir nociones de aritmética: sumar , restar
	Memoria	• Saber escuchar y responder
	Lenguaje y comunicación	• Experimentar el placer por la sensación de logro
	Presentación	• Aprender a decidir
Área socio-afectiva	Actividad	• Aprender a equivocarse
	Despedida y relajación	• Aprender a generar soluciones a los problemas
	Juegos de mesa	

EL PERRO DA LA SERIE

El objetivo de la actividad es que el RI continúe una serie iniciada por el perro. Repartidas por el suelo, dejaremos un determinado número de fichas de colores,números, formas geométricas o habilidades u objetos cotidianos.

El perro, con la ayuda del TIA, se desplazará siguiendo un orden y se sentará encima de algunas de las fichas formando una serie.

El RI observará atentamente los movimientos del perro y, con la ayuda de un soporte visual, continuará la serie.

Variantes:

− Sobre el lomo del perro colocaremos adhesivos de formas o colores y el RI deberá continuar pegando los adhesivos correspondientes para continuar la serie.

− Colocaremos al perro en posición de quieto y el PI marcará una secuencia de las partes del cuerpo del perro tocándole suavemente cada una de las zonas. A continuación el RI deberá imitar la secuencia propuesta por el PI y continuarla de la forma correcta.

COMANDOS PARA EL PERRO	MATERIAL
• Sentarse • Permanecer quieto • Target de dirección	• Fichas de letras, formas o números • Adhesivos de formas y colores diversos

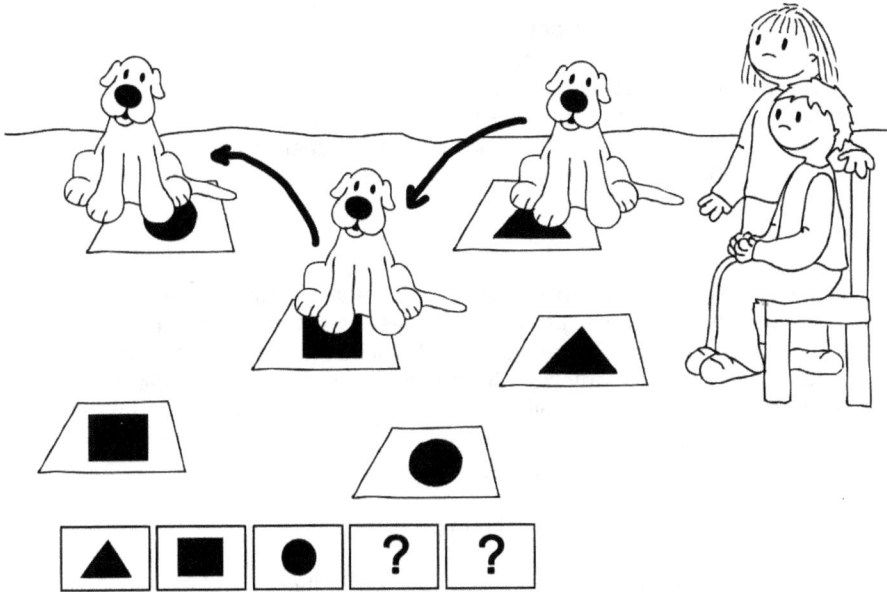

		Objetivos
Área psicomotriz	Coordinación motora	
	Estimulación sensorial	• Prestar atención al movimiento del otro
	Percepción espacio-temporal	• Adquirir o ejercitar la capacidad de concentración
	Esquema corporal	• Adquirir o ejercitar la atención
Área cognitiva	Atención y concentración	• Desarrollar o evaluar la memoria a corto plazo
	Categorización	• Desarrollar o evaluar la percepción espacio-visual
	Memoria	• Experimentar el placer por la sensación de logro
	Lenguaje y comunicación	
Área socio-afectiva	Presentación	
	Actividad	
	Despedida y relajación	
	Juegos de mesa	

LAS PARTES DEL CUERPO

El objetivo de la actividad es que el RI conozca las distintas partes del cuerpo de perro y las identifique tanto en el perro real como en un dibujo y las relaciones con las partes de su propio cuerpo.

Con el perro cómodamente situado al lado del RI, el TIA nombrará cada una de las partes del cuerpo del perro. Lo hará pasando progresivamente de las zonas más amplias a los detalles más concretos. Le propondremos al RI que las vaya acariciando y tocando. A continuación, le pediremos que se toque una determinada parte de su propio cuerpo y luego la zona equivalente en el perro. Finalmente, el RI lanzará el dado de las partes del cuerpo del perro o de la persona y deberá identificar el resultado y tocarlo sobre el perro o sobre él mismo.

Variantes:

− Organizaremos un circuito con conos de colores y dejaremos en cada uno de ellos una pieza de un puzle de las partes de cuerpo humano y una tarjeta de habilidad canina. El RI guiará la ruleta de los colores o lanzará el dado de colores. Se dirigirá al cono correspondiente y pedirá al perro que ejecute la habilidad de la tarjeta. Luego, este le traerá la pieza del puzle para que la identifique, la ubique en su cuerpo o el del perro y finalmente la coloque en el puzle.

− Vendar las partes del cuerpo del perro o del RI.

− Colocaremos un determinado número de adhesivos de colores sobre el cuerpo del perro. El RI deberá observar atentamente y a continuación (sin mirar al perro) elegir las cartas correspondientes a las partes del cuerpo marcadas con un adhesivo.

COMANDOS PARA EL PERRO	MATERIAL
• Sentarse • Echarse • Permanecer quieto • Permanecer de pie	• Dado interactivo • Tarjetas de las partes del cuerpo del perro • Tarjetas de las partes del cuerpo humano

Área		Objetivos
Área psicomotriz	Coordinación motora	• Ejercitar la percepción táctil
	Estimulación sensorial	• Ejercitar la lateralidad
	Percepción espacio-temporal	• Desarrollar el esquema corporal
	Esquema corporal	• Prestar atención a las órdenes
Área cognitiva	Atención y concentración	• Adquirir o ejercitar la capacidad de imitación
	Categorización	• Establecer correspondencias entre objetos
	Memoria	• Estimular la escucha activa
	Lenguaje y comunicación	• Favorecer el reconocimiento táctil
Área socio-afectiva	Presentación	
	Actividad	
	Despedida y relajación	
	Juegos de mesa	

CAMINITOS DE HÁBITOS

El objetivo de la actividad es que el RI traslade de un lado a otro del camino los utensilios necesarios para realizar una tarea con el perro.

Colocaremos un camino de aros dispuestos en una sola fila, en dos filas de paralelas o bien en dos filas colocadas de forma asimétrica para fomentar en el RI distintos patrones de movimiento asimétricos (marcha y carrera) o simétricos (saltos).

En uno de los extremos del camino situaremos al perro con una petición clara: "quiero que me asees", "quiero que me des de comer", "quiero salir a pasear contigo", etc. Al otro lado del camino, el RI dispondrá de cartas con distintas imágenes.

Con ayuda del PI, el RI elegirá las cartas correspondientes a los elementos que necesita para realizar la acción que le pide el perro y determinará la secuencia correcta para llevarla a cabo. Para obtener el objeto correspondiente a la imagen elegida, deberá solicitarlo correctamente al PI y este se lo dará para que lo lleve hacia el perro atravesando el camino de aros.

Con todos los objetos necesarios del lado del perro, el RI reconstruirá la secuencia correcta para realizar la acción.

Variación:

– Vestir al perro según una estación del año: el perro será quien escogerá la estación y el RI deberá elegir las imágenes de la ropa correspondientes, intercambiarlas por ropa real con el PI y colocárselas correctamente al perro.

COMANDOS PARA EL PERRO	MATERIAL
• Caminar al lado	• Aros
• Premio a la orden	• Tarjetas de actividades
• Permanecer quieto	• Tarjetas de material canino
• Sentarse	
• Ladrar	
• Target de dirección	

Área psicomotriz	Coordinación motora	Objetivos
	Estimulación sensorial	• Ejercitar la coordinación dinámica global
	Percepción espacio-temporal	• Ejercitar la coordinación óculo-manual
	Esquema corporal	• Ejercitar el equilibrio
Área cognitiva	Atención y concentración	• Representación mental de la situación
	Categorización	• Reconocer los objetos
	Memoria	• Mejorar la planificación anticipada de las tareas
	Lenguaje y comunicación	• Desarrollar la interacción social
Área socio-afectiva	Presentación	• Tomar conciencia de las propias capacidades y limitaciones
	Actividad	• Aprender a decidir
	Despedida y relajación	• Disminuir la timidez y retraimiento
	Juegos de mesa	

MEMORY DE PAÑUELOS

El objetivo de esta actividad es que el RI memorice el disfraz de uno de los perros y disfrace a un segundo perro de forma idéntica.

El TIA le presentará al RI un perro y una bolsa llena de pañuelos de colores. También se podría hacer esta actividad con clips o gomas de colores o adhesivos de colores. Con ayuda o sin ella, el RI disfrazará al perro y lo observará atentamente para memorizar la disposición de cada uno de los pañuelos.

Luego, el RI se dirigirá hacia un segundo perro y lo vestirá de memoria siguiendo el modelo del primer perro.

A continuación comparará a ambos perros. Por cada uno de los aciertos en el vestido, conseguirá un premio que luego le podrá dar al perro a cambio de una habilidad.

Variante:

- Otra forma, también divertida, es hacer el ejercicio con calcetines: Colocaremos cuatro calcetines distintos en las patas de uno de los perros y le daremos la pareja de esos calcetines al RI para que se los coloque en la misma posición a un segundo perro.

- Un RI colocará un pañuelo de un determinado color en una parte del cuerpo de su perro y otro compañero lo observará atentamente para colocar un pañuelo del mismo color en la misma parte de su propio perro.

COMANDOS PARA EL PERRO	MATERIAL
• Sentarse	• Pañuelos
• Echarse	• Calcetines
• Permanecer quieto	• Adhesivos

		Objetivos
Área psicomotriz	Coordinación motora	
	Estimulación sensorial	• Ejercitar la motricidad fina
	Percepción espacio-temporal	• Ejercitar la lateralidad • Desarrollar el esquema corporal
	Esquema corporal	• Adquirir o ejercitar la capacidad de imitación
Área cognitiva	Atención y concentración	• Desarrollar o evaluar la memoria a corto plazo
	Categorización	• Desarrollar o evaluar la memoria a largo plazo
	Memoria	• Desarrollar el sentido de la observación
	Lenguaje y comunicación	
Área socio-afectiva	Presentación	• Aceptar las normas de interacción social
	Actividad	• Ejercitar la coordinación óculo-motriz
	Despedida y relajación	• Aprender a planificar
	Juegos de mesa	

217

A CONTAR

El objetivo de estas actividades es que el RI cuente diferentes cosas.

El perro y su entorno es una fuente muy rica de cosas para contar:

– El número de veces que ladra
– El número de partes del cuerpo que tiene
– El número de premios que le vamos a dar
– El número de pechos que tiene en una fila o en ambas
– El número de veces que cepillamos hacia un lado del pelo
– El número de veces que cepillamos a contrapelo
– El número de veces que hace una determinada habilidad (ej. twist a la derecha)
– El número de pelotas que nos trae de un cesto lleno de ellas
– El número de aros que el RI acierte en su cuello

Para ello el perro se deberá adaptar a la necesidad del juego: ejecutará habilidades, traerá pelotas, mostrará su barriga el tiempo necesario, etc.

COMANDOS PARA EL PERRO	MATERIAL
• Dar un objeto a la mano • Premio a la orden • Ladrar • Croqueta • Echarse • Pedir • Llevar un objeto con la boca	Según los juegos: • Premios • Potes con premios dentro • Aros

Área		Objetivos
Área psicomotriz	Coordinación motora	
	Estimulación sensorial	• Gestión de emociones y sentimientos
	Percepción espacio-temporal	• Prestar atención a las órdenes
	Esquema corporal	• Adquirir o ejercitar la noción de número: cantidad
Área cognitiva	Atención y concentración	• Adquirir o ejercitar la discriminación auditiva (del 1 al 10)
	Categorización	• Experimentar el placer por la sensación de logro
	Memoria	
	Lenguaje y comunicación	
Área socio-afectiva	Presentación	
	Actividad	
	Despedida y relajación	
	Juegos de mesa	

EL PERRO NOS LO INDICA

El objetivo de la actividad es que el RI realice las acciones determinadas previamente por el PI.

-Verbos

El TIA presentará a sus cuatro perros e identificará a cada uno de ellos con un color. Por turnos, los RI elegirán un color por medio de la ruleta o el dado de los colores. Dirán el nombre del perro, se acercarán a él, tomarán una tarjeta de verbo que se encuentre escondido en su pelaje y realizarán la acción correspondiente.

-Formas geométricas

Asociaremos cada una de las formas geométricas repartidas por el suelo o pegadas sobre la pared, a una acción o un verbo. El perro se sentará o hará un target sobre una forma y el RI deberá ejecutar la acción.

-Qué le falta

Cada perro custodiará una lámina con un dibujo incompleto de un perro. Si se dispone de un solo perro, este hará target en una de las láminas repartidas por el suelo o colgadas de la pared. Cuando el perro se siente o haga target sobre una de ellas, el RI deberá observar atentamente la lámina y tocar en el perro aquella parte del cuerpo que le falta al dibujo. Si lo hace correctamente, el RI dará vuelta la lámina y encontrará una habilidad que le podrá pedir al perro.

COMANDOS PARA EL PERRO

• Sentarse
• Target de dirección

MATERIAL

• Tarjetas de verbos
• Láminas con imagenes incompletas

		Objetivos
Área psicomotriz	Coordinación motora	
	Estimulación sensorial	• Desarrollar el esquema corporal
	Percepción espacio-temporal	• Adquirir o ejercitar la capcidad de simbolización
	Esquema corporal	• Reconocer las partes de un todo
Área cognitiva	Atención y concentración	• Detectar la ausencia de un detalle esencial del conjunto
	Categorización	• Comunicación verbal y no verbal
	Memoria	• Aumentar la tolerancia a la frustación
	Lenguaje y comunicación	• Desarrollar la simbolización: codificación y descodificación de símbolos
Área socio-afectiva	Presentación	• Expresar los sentimientos
	Actividad	• Experimentar la desinhibición
	Despedida y relajación	
	Juegos de mesa	

LA HABILIDAD COLGADA

El objetivo de la actividad es que el RI descubra la orden escondida para pedirle al perro que la ejecute.

Antes de iniciar la sesión, se repartirá a cada RI una tarjeta con una habilidad canina. Cada RI describirá la fotografía y el TIA mostrará cómo se emite la orden gestual y verbal correspondiente a esa orden.

A continuación, los RI practicarán la orden con el perro de terapia. Si hay más de un perro disponible, el TIA le preguntará al RI con qué perro prefiere trabajar y qué premio le dará si lo hace bien.

Una vez practicada la orden, un RI pasará al frente de la pizarra y pensará el nombre de uno de los perros (si hay más de uno) y la orden que quiere que ejecute, por ejemplo: "¡Cuca, siéntate" o "¡Cuca, twist!"...

Marcará tantas rayas horizontales sobre la pizarra como letras tenga la frase y dejará que sus compañeros adivinen las letras y por lo tanto la orden escondida; quien dirige el juego hará un "juego del colgado" con las letras erróneas.

Una vez que hayan adivinado la orden, el RI que está frente a la pizarra decidirá cuál de sus compañeros debe pedirle esa habilidad al perro .Si el RI designado logra que el perro la haga correctamente, el RI que estaba a la pizarra felicitará a su compañero con un cumplido. Luego, el RI que ha conseguido que el perro realice la habilidad se quedará en la pizarra para proponer una nueva orden que sus compañeros deberán adivinar.

COMANDOS PARA EL PERRO

- Habilidades varias del juego
- Sentarse
- Permanecer quieto
- Premio a la orden
- Contacto visual

MATERIAL

- Pizarra
- Tarjetas de habilidades

		Objetivos
Área psicomotriz	Coordinación motora	
	Estimulación sensorial	• Prestar atención a las órdenes
	Percepción espacio-temporal	• Adquirir o ejercitar la capacidad de imitación
	Esquema corporal	• Adquirir o ejercitar la capacidad de concentración
Área cognitiva	Atención y concentración	• Lectura: reconocer y discriminar
	Categorización	• Aprender y respetar las normas sociales
	Memoria	• Estimular la socialización
	Lenguaje y comunicación	• Experimentar el placer por la sensación de logro
Área socio-afectiva	Presentación	
	Actividad	
	Despedida y relajación	
	Juegos de mesa	

PERROS PARECIDOS

El objetivo del juego es que los RI formen parejas, que pueden participar luego en otra actividad.

Para empezar, los RI formarán dos grupos de igual número de participantes. En medio, se situará el TIA con un perro de terapia y destacará las características de cada perro:

– La altura: baja, media, alta
– La complexión física: delgada, media, robusta
– El largo y el color del pelaje
– Tipo de pelo: liso, ondulado, rizado
– Forma de las orejas: hacia arriba o hacia abajo; en 'V' o en 'U'
– La cola: tamaño y posición
– El ángulo del stop
– Los ojos: forma y color
– El hocico: aplastado, medio o alargado

A continuación, repartirá a cada uno de los RI una imagen de un perro. Cuando el perro de terapia se coloque frente a uno de los participantes, este describirá el perro de su fotografía a los compañeros del otro grupo. Quien tenga una imagen parecida a esa, llamará al perro de terapia para entregarle la ilustración con el fin de que se la lleve al compañero que estaba describiendo la fotografía. Este comprobará si ambas imágenes son parecidas. Si lo son, los dos RI formarán una pareja.

Variantes:

– Emparejar emociones caninas y emociones humanas.

– Emparejar caras y emociones

COMANDOS PARA EL PERRO	MATERIAL
• Coger el objeto	• Tarjetas de razas caninas
• Permanecer quieto	
• Target de dirección	
• Dar un objeto en la mano	
• Caminar al lado	
• Permanecer de pie	

	Coordinación motora	Objetivos
Área psicomotriz	Estimulación sensorial	• Estimular la atención y la focalización
	Percepción espacio-temporal	• Capacidad de observación de la realidad
	Esquema corporal	• Desarrollar la descripción
Área cognitiva	Atención y concentración	• Ejercitar la práctica de la escucha y de la observación dirigida a cada uno, respetando los tiempos y evitando interferencias.
	Categorización	
	Memoria	• Identificación de atributos físicos
	Lenguaje y comunicación	• Mejorar la expresión y la comprensión del lenguaje
Área socio-afectiva	Presentación	
	Actividad	
	Despedida y relajación	
	Juegos de mesa	

PRESENTACIÓN POR IMITACIÓN

El objetivo de la actividad es que los RI imiten las actividades realizadas por sus compañeros.

Situaremos a los RI frente al perro, formando un semicírculo. Cerca de ellos dejaremos una serie de materiales que los RI puedan utilizar para interactuar con el perro: cepillos, pelotas, toallitas higiénicas, tarjetas de habilidades caninas, etc.

Un primer RI se ofrecerá voluntariamente, se presentará e interactuará con el perro tocándolo, mirándolo, acariciándolo, besándolo, haciéndole una mueca, un gesto, levantándose, etc. A continuación, otro RI se presentará, realizará la misma acción que el RI anterior y agregará otra más.

Un tercer RI se presentará y realizará la acción de los dos anteriores más la suya propia. Así hasta que todos hayan participado de la actividad.

Variante:

– El perro puede indicar lo que debe expresar cada RI en su presentación: ¿Quién soy? ¿Qué soy? ¿Qué me gusta? ¿Qué me molesta?, etc.

El PI realizará unos carteles con distintas preguntas y los podrá colgar de la pared o apoyarlos en el suelo. El TIA hará que el perro se desplace de uno a otro y los señale mediante el target de dirección.

COMANDOS PARA EL PERRO	MATERIAL
• Sentarse	• Pelotas
• Permanecer quieto	• Platos
• Premio	• Premios
• Habilidades varias	• Targetas de habilidades
• Target de dirección	

	Coordinación motora	Objetivos
Área psicomotriz	Estimulación sensorial	• Ejercitar la motricidad fina
	Percepción espacio-temporal	• Prestar atención al movimiento del otro
	Esquema corporal	• Desarrollar o evaluar la memoria visual y la memoria a corto plazo
Área cognitiva	Atención y concentración	• Reconocer las propiedades de los objetos
	Categorización	• Desarrollar el sentido de la observación
	Memoria	• Estimular la imaginación
	Lenguaje y comunicación	• Explorar distintas dormas de comunicación
Área socio-afectiva	Presentación	• Estimular la interacción grupal
	Actividad	• Experimentar el placer de crear
	Despedida y relajación	
	Juegos de mesa	

227

COMUNICACIÓN ALTERNATIVA

El objetivo de la actividad es que el RI comunique –por medio de distintos métodos– lo que desea hacer con el perro. Propiciar que la motivación sea lo suficientemente potente como para favorecer la comunicación.

-Señalar el objeto: El RI iniciará una actividad con el perro utilizando algún objeto como puede ser una pelota, cepillo, aros o premios. Para poder jugar con el perro el RI deberá señalar el objeto propuesto por el PI con su dedo, con ayuda física o sin ella.Una vez que el RI haya señalado aquellos objetos con los que trabajará, el PI le ofrecerá dos de estos elementos para que pueda elegir.

-Señalar o entregar una tarjeta: El RI indicará al PI la actividad que desea realizar con el perro, tocando o intercambiando con el PI una tarjeta que represente la actividad o bien, colocando la tarjeta en el peto del perro.

-Asociación al pulsador: Si el RI cuenta con la movilidad suficiente para utilizar pulsadores o interruptores, podemos asociar un concepto positivo o negativo al pulsador, con la complicidad del perro.

-Libreta de comunicación alternativa:Podemos ampliar la libreta de comunicación propia del RI con imágenes relacionadas con la actividad asistida con animales: pronombres, verbos, acciones, complementos y así incrementar la riqueza de la comunicación durante la actividad.

Variantes:

— El perro señalará un objeto para que el RI preste atención y comparta la actividad propuesta por el perro.

— El PI señalará el objeto para que el RI le entregue al perro.

COMANDOS PARA EL PERRO	MATERIAL
• Sentarse • Permanecer quieto • Tocar con la pata o el hocico • Contacto visual • Habilidades varias	• Targetas de objetos caninos • Objetos caninos: correas, pelotas, collares, etc

		Objetivos
Área psicomotriz	Coordinación motora	
	Estimulación sensorial	• Prestar atención a las órdenes
	Percepción espacio-temporal	• Adquirir o ejercitar la capacidad de simbolización
	Esquema corporal	• Adquirir o ejercitar la capacidad de concentración
Área cognitiva	Atención y concentración	• Establecer correspondecias entre los objetos
	Categorización	• Reconocer las propiedades de los objetos
	Memoria	
	Lenguaje y comunicación	• Desarrollar la función simbólica • Desarrollar lenguaje : expresión y comprensión
Área socio-afectiva	Presentación	• Aprender y respetar las normas
	Actividad	• Expresar sentimientos • Desarrollar la capacidad de automotivarse
	Despedida y relajación	
	Juegos de mesa	

UN CUENTO

El objetivo de la actividad es que el RI interactúe con el perro mediante un cuento.

Escogeremos un libro adecuado para cada RI y crearemos un clima para favorecer la máxima compenetración entre el RI y el perro. Intentaremos colocar a los participantes de forma que el perro pueda mirar el libro y que el RI pueda tocar al perro. Las posibles situaciones son:

- El RI estará sentado en una silla, con el libro apoyado sobre la mesa. El perro, sentado a su lado, apoyando su cabeza sobre la mesa o bien tumbado sobre la mesa y con la cabeza sobre el libro.
- El RI estará sentado en el suelo con el perro entre él y el PI. El perro reclinará su cabeza sobre la falda del RI mientras este mira el libro.
- El RI sentado junto al perro mientras le lee el libro.

El RI podrá:

- Escuchar: el RI, tocará al perro mientras presta atención a lo que lee el PI
- Leer: el RI le leerá el cuento al perro mientras este mira atentamente las hojas del libro.
- Responder: el RI deberá responder a las preguntas que le haga el perro por medio de tarjetas.

Variante:

- Después de leer una historia, montar un circuito. A medida que el RI responda a las preguntas del PI sobre la trama del cuento, podrá recorrerlo junto con el perro.

COMANDOS PARA EL PERRO

- Permanecer quieto
- Apoyar la cabeza en el RI
- Echarse
- Contacto visual

MATERIAL

- Libro/os
- Targetas con preguntas

Área psicomotriz	Coordinación motora	Objetivos
	Estimulación sensorial	• Adquirir o ejercitar la capacidad de concentración
	Percepción espacio-temporal	• Mejorar la comprensión oral
	Esquema corporal	• Enriquecer el vocabulario
Área cognitiva	Atención y concentración	• Mejorar la fluidez en la lectura
	Categorización	• Saber escuchar y responder
	Memoria	• Potenciar la expresión verbal
	Lenguaje y comunicación	• Crear un vínculo afectivo
Área socio-afectiva	Presentación	• Desarrollar la capacidad de gozar de los sentimientos positivos
	Actividad	
	Despedida y relajación	
	Juegos de mesa	

El objetivo de la actividad es que los RI presten atención a las acciones realizadas por sus compañeros y puedan contestar las preguntas del PI para interactuar con el perro.

Situaremos al perro sobre una mesa en el fondo de la sala. Para acceder a él, los RI deberán recorrer uno de los tres caminos temáticos: camino de los collares, camino de los cepillos o camino de las partes del cuerpo perruno.

Camino de los collares: El RI recorrerá un camino de aros de colores. Al final, encontrará unas correas o unos hilos con piezas de colores enhebradas. Deberá elegir, para colocarle al perro, aquella que tenga los colores en el mismo orden que una serie propuesta inicialmente por el PI.

Camino de los cepillos: Por un circuito de cajones para step, el RI se encontrará con distintos cepillos. Sólo podrá tomar aquél que se corresponda con la descripción y la ubicación que haya indicado el TIA. Finalmente, cepillará al perro.

Camino de las partes de cuerpo: El RI recorrerá un circuito de conos en zigzag. En cada uno de ellos, habrá una tarjeta CTAC de las partes del cuerpo que el RI deberá memorizar. A continuación, tocará aquellas mismas partes en el cuerpo del perro.

Variantes:

- En el camino de los collares, indicar al RI una determinada secuencia de colores. El RI colocará los aros en el orden correcto para llegar hasta el perro. A continuación, colocará la misma secuencia con adhesivos de colores sobre el pelaje del perro.

- Recorrer cada camino y, al llegar a la meta, disfrazar al perro con ropa o pañuelos.

COMANDOS PARA EL PERRO	MATERIAL
• Echarse • Permanecer quieto	• Mesa amplia • Aros de colores • Hilos con cuentas de colores • Cajones de step • Cepillos • Conos • Targetas CTAC de las partes del cuerpo del perro

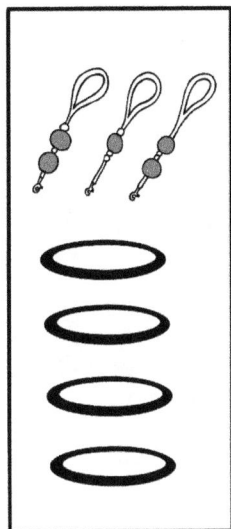
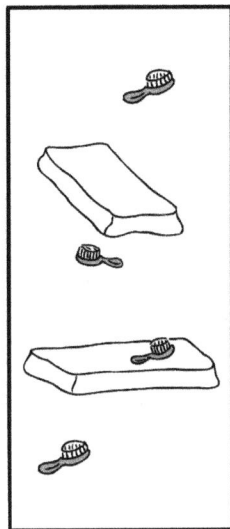
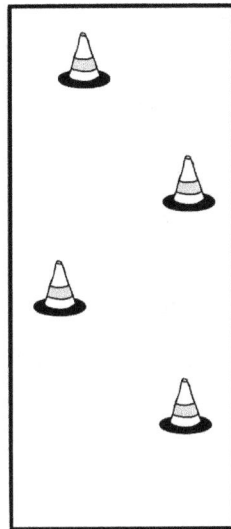

A   B   C

		Objetivos
Área psicomotriz	Coordinación motora	• Ejercitar la motricidad gruesa
	Estimulación sensorial	• Ejercitar la coordinación óculo-manual
	Percepción espacio-temporal	• Ejercitar la percepción táctil
	Esquema corporal	• Desarrollar el esquema corporal
Área cognitiva	Atención y concentración	• Adquirir o ejercitar la capacidad de concentración
	Categorización	• Desarrollar o evaluar la memoria a corto plazo
	Memoria	• Cooperation: estimular las relaciones de ayuda
	Lenguaje y comunicación	• Aprender a respetar las nosrmas sociales
Área socio-afectiva	Presentación	• Experimentar el placer por el logro y por las risas
	Actividad	
	Despedida y relajación	
	Juegos de mesa	

El objetivo de esta actividad es que el RI interactúe con el perro de acuerdo con el número y el color de los bolos caídos en el juego.

El PI y el RI acordarán qué color de bolo corresponde a cada una de las partes del cuerpo del perro.

Después de resolver una adivinanza, contestar una pregunta o interpretar el significado de la mímica de alguno de sus compañeros —en el caso de realizar la actividad en grupo—, el perro traerá una pelota al RI. Bajo la atenta mirada del perro, el RI lanzará la pelota con el fin de tirar el máximo número de bolos posibles.

Por un lado, el número de bolos caídos corresponderá al número de premios que el RI le podrá entregar al perro; por otro, el color de los bolos caídos determinará las zonas que el RI deberá tocar o cepillarle al perro.

Variantes:

– Los bolos equivaldrán a habilidades caninas que el RI le podrá pedir al perro que realice. Luego de cada habilidad, el RI le entregará un premio.

– Los bolos equivaldrán a acciones que el RI deberá realizar con otro de sus compañeros.

– Cada bolo corresponderá a una prenda de vestir con la que el RI deberá vestir al perro; con los seis bolos se obtendrá un disfraz completo.

COMANDOS PARA EL PERRO	MATERIAL
• Coger el objeto	• Bolos de colores
• Dar un objeto	• Pelotas
• Permanecer quieto	• Cepillo
	• Adivinanzas

Área psicomotriz	Coordinación motora	Objetivos
	Estimulación sensorial	• Ejercitar la coordinación óculo-manual
	Percepción espacio-temporal	• Desarrollar el esquema corporal
	Esquema corporal	• Desarrollar la puntería/presición
Área cognitiva	Atención y concentración	• Prestar atención a las órdenes
	Categorización	• Establecer correspondencias entre objetos
	Memoria	• Favorecer un clima de grupo favorable
	Lenguaje y comunicación	• Explorar diferentes formas de comunicación; mimica, ritmica, figurativa
Área socio-afectiva	Presentación	• Desarrollar o evaluar la memoria visual
	Actividad	• Experimentar el placer de reir
	Despedida y relajación	
	Juegos de mesa	

APROXIMACIÓN AL CONO

El objetivo del juego es que el RI enseñe al perro a tocar un objeto con su hocico.

Enseñar una habilidad compleja al perro es una buena manera de que el RI valore la dificultad de enseñar y de aprender cosas nuevas, por muy sencillas que parezcan.

Para ello, necesitaremos dos perros: uno con la habilidad ya aprendida y otro que la desconozca o, por el contrario, uno cuyo grado de entrenamiento sea tan elevado que siga al pie de la letra las consignas del RI, sin completar la habilidad a pesar de conocerla.

Colocaremos un objeto en el medio de la sala y el TIA dará la orden al perro: "Cono", para que este se desplace hacia el objeto, lo toque con su hocico e inmediatamente vuelva al lado del emisor de la orden.

Cada uno de los RI experimentará lo fácil que resulta dar una orden a un perro si este ya la conoce previamente. Entonces, se demostrará qué complicado resulta enseñar la orden a un perro que no la conoce. A él le deberemos enseñar...

Una manera de alcanzar nuestro objetivo será premiar al perro por sus pequeños triunfos, lo que se conoce por aproximaciones sucesivas.

De esta manera, el RI deberá aprender a cliquear los pequeños éxitos del perro para que le lleven al objetivo final: tocar el objeto con su hocico. Es importante insistir en que se debe enseñar siempre con respeto y paciencia.

COMANDOS PARA EL PERRO

- Tocar con la pata o el hocico
- Cono
- Target de dirección

MATERIAL

- Cono o objeto

		Objetivos
Área psicomotriz	Coordinación motora	
	Estimulación sensorial	• Crear un vínculo afectivo
	Percepción espacio-temporal	• Prestar atención al movimiento del otro
	Esquema corporal	• Adquirir o ejercitar la capacidad de concentración
Área cognitiva	Atención y concentración	• Aprender y respetar las normas
	Categorización	• Experimentar el placer por la sensación de logro
	Memoria	• Desarrollar una aotoimagen ajustada y positiva
	Lenguaje y comunicación	• Aprender a decidir
Área socio-afectiva	Presentación	• Marcar hitos realistas a alcanzar
	Actividad	• Aprender a generar soluciones a los problemas
	Despedida y relajación	• Practicar habilidades de autocontrol
	Juegos de mesa	• Aprender a planificar

237

EL LENGUAJE CORPORAL: LA COLA

El objetivo de la actividad es que el RI conozca la importancia que tiene la cola en la comunicación con el perro y sepa interpretar sus movimientos y posiciones. Haremos un juego de preguntas y premios (habilidades), exponiendo y emparejando situaciones, colocándole la cola al perro según un estado de ánimo.

Es fácil saber que siente un perro por el movimiento de su cola.

Los perros suelen mover la cola para comunicarse socialmente; cuando están solos no la mueven, aunque disfruten de lo que están haciendo.

¿Para qué sirve la cola?
– Para comunicarse y esparcir su olor personal.
– Es una parte esencial para el sistema de equilibrio del perro; es como un timón.

¿Qué significan las posiciones y movimientos de la cola? Y tú, ¿cómo manifiestas estos sentimientos?

Movimiento lateral: A menudo, los perros hacen amplias barridas con la cola cuando juegan o prevén que algo bueno está a punto de pasar; también utilizan este movimiento para repartir el peso o para prepararse para atacar. Altura y movida: Los perros están de buen humor cuando tienen la cola subida y la mueven hacia delante y hacia detrás. La velocidad aumentará cuando obtengan una respuesta positiva.

Horizontal: Cuando un perro está con la cola en posición horizontal respecto del suelo, es porque está interesado en algo.

Recogida y entre las patas: Los perros sumisos, ansiosos y asustados repliegan la cola entre las patas. Cuanto más esconda la cola, más intensos serán sus sentimientos.

Levantada y rígida: Los perros que quieren confirmar su autoridad suelen levantar su cola ligeramente por encima de la línea horizontal. Si el enfado deriva en una agresión real, la subirá aún más, pero la dejará inmóvil.

Baja y ondulante: Una cola situada por debajo de la línea horizontal y con un leve movimiento pendular significa tristeza, preocupación, cierta inseguridad o puede ser que el perro esté enfermo.

COMANDOS PARA EL PERRO	MATERIAL
• Target de dirección • Permanecer quieto • Llevar un objeto • Dejarse maniplar	• Ilustraciones de perros sin la cola • Dibujos de colas en distintas posturas y situaciones • Dado de emociones

Área psicomotriz	Coordinación motora	Objetivos
	Estimulación sensorial	• Mejorar la comunicación oral
	Percepción espacio-temporal	• Adquirir o ejercitar la capacidad de imitación y creatividad
	Esquema corporal	• Desarrollar el sentido de la observación
Área cognitiva	Atención y concentración	• Enriquecer el vocabulario
	Categorización	• Favorecer la cooperación
	Memoria	• Saber escuchar sin interferencias
	Lenguaje y comunicación	• Explorar distintos lenguajes
	Presentación	• Expresar la personalidad
Área socio-afectiva	Actividad	• Gestión de emociones y sentimientos
	Despedida y relajación	
	Juegos de mesa	

EL LENGUAJE CORPORAL: EL ROSTRO

Los perros utilizan todos sus rasgos faciales para emitir una serie de mensajes. A modo de ejemplo, describiremos brevemente algunos de estos rasgos:

a) Orejas: Las orejas caninas son móviles, se pueden girar y tirar hacia adelante o atrás, lo que las hace muy expresivas. Cuando las orejas están hacia el frente, el perro está alerta. Cuando están hacia atrás, está relajado; las orejas aguzadas indican agresión y las orejas plegadas hacia atrás, miedo o también agresividad.

b) Ojos: Una mirada dulce y tierna indica afecto y confianza. Una mirada directa e impaciente indica interés y alerta; una mirada sesgada implica sumisión e inseguridad. Los parpadeos rápidos son una reacción ante el estrés. Un contacto visual directo y duro envía un mensaje de dominación y agresión.

c) Frente: La piel de la frente relajada significa que el perro también lo está. Si está lisa y un poco tensa hacia atrás tiene miedo o se siente agresivo. Cuando el perro está ansioso arruga el entrecejo como las personas.

d) Boca: La boca está parcialmente abierta cuando el perro está relajado. Un perro que jadea puede estar nervioso, estresado o tener calor. Si lame el hocico de otro perro o la cara de una persona es una señal de saludo o sumisión, aunque también lamen para relajarse o tranquilizar. Si le tiemblan los dientes es que algo emocionante está a punto de pasar.

e) Labios: Los labios relajados indican que el perro está tranquilo. Un perro estresado tira los labios hacia atrás y arruga las comisuras.

Ejercicio 1: Dispondremos de una plantilla de un rostro humano y otra de un rostro canino y de partes del rostro en distintos estados. El juego consiste en realizar un collage de los rostros en función de una supuesta situación o emoción.

Ejercicio 2: Identificar la expresión de la emoción correcta para una determinada situación que explique el PI.

COMANDOS PARA EL PERRO	MATERIAL
• Llevar un objeto • Soltar el objeto • Permanecer quieto • Sentarse • Target de dirección	• Images de rostros caninos y humanos • Dado de las emociones • Láminas de distintas situaciones

		Objetivos
Área psicomotriz	Coordinación motora	• Acceptar las normas de interacción social
	Estimulación sensorial	• Estimular la comunicación grupal
	Percepción espacio-temporal	• Favorecer la expresión verbal
	Esquema corporal	• Codificación y descodificación de símbolos
Área cognitiva	Atención y concentración	• Expresar la propia personalidad
	Categorización	• Gesión de emociones y sentimientos
	Memoria	
	Lenguaje y comunicación	
Área socio-afectiva	Presentación	
	Actividad	
	Despedida y relajación	
	Juegos de mesa	

Los perros pueden mostrarse:

-Contentos, calmados y relajados: Relajan las orejas y las dejan caer. La cabeza, ni demasiado alta, ni demasiado baja y la frente se suaviza. Las comisuras de la boca se relajan, como si rieran. La cola está quieta o se mueve suavemente.

-Interesados y alerta: Todas las partes de su cuerpo se levantan e inclinan hacia delante. Alza la cabeza y abren ligeramente la boca. Los ojos tienen una expresión atenta.

-Juguetones o excitados: Cuando un perro quiere jugar inclina la parte delantera del cuerpo hacia el suelo, la parte posterior dibuja una parábola y la cola se mueve con locura. Cuando se acepte su invitación al juego, comenzará a saltar o ladrar, expresará su felicidad.

-Aburridos o tristes: Por regla general, estarán estirados en el suelo, con la cabeza reclinada sobre las patas delanteras y la cola relajada con la mirada desinteresada y sus orejas caídas.

-Sumisos: Son perros que intentan parecer más pequeños de lo que son. Se agachan o se encogen de miedo, con la espalda arqueada y la cabeza baja o escondida. Para demostrar sumisión total, los perros se tumban sobre la espalda y exponen el vientre.

-Dominantes o Agresivos: Levantarán el cuerpo inclinándolo hacia delante para parecer más grandes, más fuertes y más formidables. Se colocarán de puntillas y se les erizará el pelo de la nuca y de la espalda. La cola estará alta y tensa.

Ejercicio 1: Plantear preguntas al RI, sobre cómo cree él que se siente el perro en una determinada situación, cómo se sentiría él en esa misma situación. Pedirle que sugiera lo que se podría hacer para que el perro se sienta de distinta manera. Qué cree él que le puede provocar al perro un determinado sentimiento y qué se lo causaría a él mismo.

Ejercicio 2: Imitar la posición corporal canina.

COMANDOS PARA EL PERRO	MATERIAL
• Target de dirección	• Dado de las emociones caninas
• Barriguita	• Baraja de cartas de las situaciones
• Ladrar	• Láminas de situaciones
• Reptar por el suelo	
• Saludar con reverencia	
• Contacto visual	

	Coordinación motora	Objetivos
Área psicomotriz	Estimulación sensorial	• Desarrollar la capacidad de conectar con las emociones de los demás
	Percepción espacio-temporal	• Expression de emociones y sentimientos
	Esquema corporal	• Comunicación verbal y no verbal
Área cognitiva	Atención y concentración	• Desarrollar la capacidad de gozar de los sentimientos positivos
	Categorización	• Poder expresar fantasias y sentimientos
	Memoria	
	Lenguaje y comunicación	
Área socio-afectiva	Presentación	
	Actividad	
	Despedida y relajación	
	Juegos de mesa	

En el suelo del aula colocaremos al azar un determinado número de objetos pertenecientes a la misma familia (por ejemplo, animales) mezclados con otros objetos no relacionados con la familia que vamos a trabajar (por ejemplo, frutas y vehículos).

El RI deberá pasearse por el aula junto con el perro, que puede estar sujeto con la correa o suelto y que llevará un cesto con la boca. Cuando el RI se detenga delante de un objeto, el perro se sentará y esperará hasta que el RI introduzca el objeto en el cesto. Cuando el RI haya finalizado la búsqueda, el perro se tumbará frente a él, sin que exista la posibilidad de contacto para evitar distracciones y se mantendrá atento a los objetos que el RI y el PI extraigan del cesto. Cada vez que saquen un objeto perteneciente a la familia que se está trabajando, el RI se lo entregará al perro para que lo coloque sobre una silla y luego le dará un premio.

Finalmente cuando hayan sacado todos los objetos, el RI podrá pedirle al perro una habilidad.

Variantes:

— El RI estará frente a un aro que contenga objetos de distintas familias. Detrás del aro habrá el mismo número de aros como de familias de objetos dentro del aro inicial. Cada aro representará una familia, por ejemplo: frutas, vehículos, prendas de vestir. El RI deberá observar atentamente frente a cuál de los aros se sienta el perro para elegir del aro inicial el objeto perteneciente a esa familia. Si el objeto elegido pertenece a la familia señalada por el perro, este se desplazará hacia el RI para agarrar el objeto e introducirlo en el aro correspondiente.

— Clasificar bolas de pienso de distintas formas y tamaños para posteriormente darle al perro únicamente las de un tipo.

COMANDOS PARA EL PERRO	MATERIAL
• Sentarse • Echarse • Caminar al lado • Llevar un objeto • Coger el objeto • Soltar el objeto • Target de dirección	• Objetos de distitas categorias • Cesto apto para que el perro lo sujete con su boca

Área psicomotriz	Coordinación motora	Objetivos
	Estimulación sensorial	• Ejercitar la motricidad gruesa
	Percepción espacio-temporal	• Ejercitar la motricidad fina • Favorecer los cambios posturales
	Esquema corporal	• Estimular las destrezas manuales de agarrar y soltar
Área cognitiva	Atención y concentración	• Adquirir o ejercitar las nociones de espacio y dirección
	Categorización	• Establecer correspondencias entre objetos
	Memoria	• Reconocer las propiedades de los objetos
	Lenguaje y comunicación	• Aprender a categorizar
Área socio-afectiva	Presentación	• Experimentar el placer de la sensación de logro
	Actividad	
	Despedida y relajación	
	Juegos de mesa	

LÁMINAS Y OBJETOS

El objetivo de la actividad es que el RI identifique y coloque las láminas que representen objetos caninos sobre un dibujo de un perro.

En el centro del aula colocaremos un cesto lleno de pelotas de colores primarios. A la orden del RI, el perro se desplazará hasta el cesto, agarrará una de las pelotas y se la entregará al RI.

Según el color de la pelota, el RI deberá tomar una lámina que represente el objeto real que le muestre el PI cuyo color sea igual al de la pelota; por ejemplo, si el PI le muestra un cepillo y la pelota es roja, el RI deberá tomar la lámina que representa un cepillo rojo. También, puede ser que el RI deba tomar la lámina que se complemente con ese objeto que le muestra el PI respetando la consigna del color de la pelota: si el PI le muestra alimento para perros, el RI deberá tomar la lámina de un plato; si el PI le muestra una bola de pelo, el RI tomará un cepillo; si le enseña un collar, la correa; etc.)

Después de comentar la utilidad del objeto y para qué se usa con el perro, el RI acompañado del perro situará la imagen sobre una lámina de perro. Para aumentar la dificultad, puede hacerlo con los ojos cerrados.

Variantes:

- El RI dispondrá de un cesto lleno de objetos de colores primarios y de dos medidas. Según el color y diámetro de la pelota que saque el perro del cesto, el RI deberá tomar el objeto que le indique el PI, ya sea por su nombre directo o por su función, del color y del tamaño similar al de la pelota. Si la elección es la correcta, podrá utilizar el objeto con el perro.

- Uno de los RI utilizará la mímica para representar una acción relacionada con el perro. Los demás deberán observarlo atentamente. Quien adivine la acción representada colocará el objeto necesario para realizar tal acción en el cesto del perro. Si es acertada la elección, el primer RI terminará su actuación usando ese objeto.

COMANDOS PARA EL PERRO	MATERIAL
• Coger el objeto	• Láminas de objetos de colores
• Llevar un objeto	• Objetos del mundo canino
• Target de dirección	• Lámina de un perro
• Sentarse	• Cesto
• Permanecer quieto	• Pelotas de colores

		Objetivos
Área psicomotriz	Coordinación motora	• Ejercitar la percepción visual
	Estimulación sensorial	• Mejorar la comprensión oral
	Percepción espacio-temporal	• Adquirir o ejercitar la noción de colores y tamaño
	Esquema corporal	• Reconocer las propiedades de los objetos
Área cognitiva	Atención y concentración	• Establecer correspondencias entre objetos
	Categorización	• Enriquecer el vocabulario
	Memoria	• Estimular la comunicación grupal
	Lenguaje y comunicación	• Favorecer la expresión verbal
Área socio-afectiva	Presentación	
	Actividad	
	Despedida y relajación	
	Juegos de mesa	

247

SILLAS CON HABILIDADES

El objetivo es que los RI ganen muchos objetos y con ellos realicen una actividad.

Dispondremos de tres o más sillas, cada una de las cuales representará una tienda de la ciudad, con sus productos correspondientes: panadería, frutería, farmacia, veterinaria, etc. Cada negocio estará representado por sus productos característicos y estará señalado por una lámina en donde se representa al perro realizando una habilidad.

El perro realizará una de las habilidades y los RI deberán asociarla con el negocio que corresponde. Quien lo adivine, se desplazará hasta la tienda y, sin que los demás lo vean, tomará un objeto o una tarjeta. Sus compañeros deberán adivinar de qué objeto se trata, haciendo preguntas que puedan ser respondidas con 'sí' o 'no'.

Cuando un RI lo haya adivinado, se repetirá la operación, así hasta terminar la ronda. El RI también puede decidir a qué comercio quiere ir. Para ello deberá pedirle al perro la habilidad correspondiente. Si la orden es la correcta, podrá desplazarse y agarrar uno de los objetos. Finalmente cuando el grupo tenga todos los productos, podremos, por ejemplo, montar un menú, tender una mesa, equipar una consulta veterinaria o el consultorio de un doctor.

Variante:

- Sobre cada silla colocaremos distintos modelos de partes del rostro humano (por ejemplo, orejas, ojos, bocas, cabellos; de distintos tamaños, formas o colores) y una habilidad canina asociada. El grupo deberá observar la habilidad que realiza el perro para saber a qué silla deberá desplazarse el RI para tomar una determinada parte del rostro humano. De esta manera se compondrá un rostro peculiar. A continuación, será uno de los RI quien esagarre la habilidad canina y así uno de sus compañeros saldrá, tomará una pieza del rostro, la colocará en su lugar y, finalmente, le pedirá al perro otra habilidad para que continúe la ronda.

COMANDOS PARA EL PERRO	MATERIAL
• Saltar / Estirar	• Láminas de habilidades
• Tumbar / Atrás	• Objetos de la vida diaria
• Croqueta / Twist	• Láminas de dichos objetos

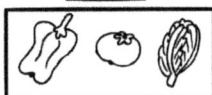

	Coordinación motora	Objetivos
Área psicomotriz	Estimulación sensorial	• Adquirir o ejercitar la capacidad del uso de símbolos
	Percepción espacio-temporal	• Adquirir o ejercitar la capacidad de concentración
	Esquema corporal	• Adquirir o ejercitar la memoria a corto plazo
Área cognitiva	Atención y concentración	• Establecer correspondencias entre objetos
	Categorización	• Estimular la imaginación
	Memoria	• Favorecer la socialización
	Lenguaje y comunicación	• Aprender y respetar las normas
Área socio-afectiva	Presentación	
	Actividad	
	Despedida y relajación	
	Juegos de mesa	

RESOLUCIÓN DE PROBLEMAS

El objetivo de esta actividad es que el RI resuelva un problema planteado por el PI.

Juntos, el RI y el PI deberán reflexionar sobre las posibles estrategias para lograr el objetivo deseado.

El TIA deberá controlar la actitud de interés del perro hacia las explicaciones del RI y hacerla interactuar con el RI mediante miradas y contacto para estimularlo a buscar la solución.

Cada vez que el RI elabore una propuesta, el perro con ayuda del TIA la realizará para ver si es una opción que ayude a alcanzar el objetivo. A su vez el TIA, deberá vigilar al perro para que no se anticipe a la solución del problema planteado.

Le enseñaremos al RI que los pequeños pasos hacia un objetivo son grandes logros en pro del objetivo final y que el RI deberá valorar, cliquear y premiar.

Enseñar al perro a traer un objeto que está dentro de un cajón
Enseñar al perro una habilidad
Preparar la comida al perro con mayor o menor complejidad
Que salte por un aro cubierto con papel de seda
Que encaste pelotas en una canasta de su altura
Que reagarre papeles del suelo y los tire a la basura

COMANDOS PARA EL PERRO

- Target de dirección
- Sentarse
- Mirar
- Seguimiento de consignas
- Negación de consignas

MATERIAL

- Cajón
- Aros
- Papel de seda
- Clicker y premios

		Objetivos
Área psicomotriz	Coordinación motora	• Adquirir interpretaciones realistas de un problema
	Estimulación sensorial	• Buscar soluciones viables para un problema
	Percepción espacio-temporal	• Adquirir o ejercitar la capacidad de concentración
	Esquema corporal	• Estimular la creatividad
Área cognitiva	Atención y concentración	• Aprender y respetar las normas
	Categorización	• Ejercitar la coordinación óculo-motriz
	Memoria	• Experimentar el placer por la sensación de logro
	Lenguaje y comunicación	• Crear un vínculo afectivo
Área socio-afectiva	Presentación	• Aprender a decidir
	Actividad	
	Despedida y relajación	
	Juegos de mesa	

Ejercicios psicomotricidad

Psicomotricidad

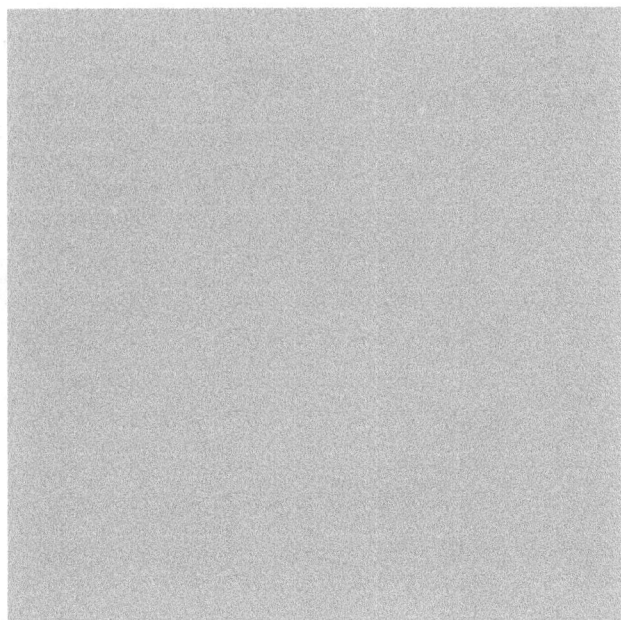

YINCANA

El objetivo es que el RI realice o simule una serie acciones del cuidado del perro y las alterne con ejercicios de psicomotricidad.

Al iniciar el circuito, cada equipo escogerá un color que los represente. Al finalizar el recorrido, el RI colocará una etiqueta autoadhesiva de ese color sobre un mural.

El circuito se iniciará colocando el collar y la correa al perro. A continuación completarán las siguientes actividades:

– Cruzar un río de aros
– Colocar un pañuelo del color del equipo al cuello del perro
– Eslalon de conos
– Cepillar al perro
– Caminar juntos entre dos líneas
– Llenar un plato de comida y dársela al perro
– Lanzar aros al perro
– Simular que recoge las cacas del perro y lanzarlas a la basura
– Subir y bajar una rampa
– Sacar el pañuelo al perro

Finalmente tomará una etiqueta del color de su equipo y lo colocará sobre un mural.

COMANDOS PARA EL PERRO	MATERIAL
• Sentarse	• Collar y correa
• Echarse	• Aros
• Caminar al lado	• Dado de colores
	• Pañuelos de colores
	• Plato para la comida del perro
	• Tizas
	• Elementos de psicomotricidad

		Coordinación motora	Objetivos
Área psicomotriz		Estimulación sensorial	• Aprender y respetar las normas
		Percepción espacio-temporal	• Ejercitar la motricidad gruesa
		Esquema corporal	• Ejercitar la coordinación óculo-manual
Área cognitiva		Atención y concentración	• Desarrollar la presición
		Categorización	• Desarrollar o evaluar la memoria a corto plazo
		Memoria	• Ejercitar la lateralidad
		Lenguaje y comunicación	• Adquirir o ejercitar la capacidad de concentración
Área socio-afectiva		Presentación	
		Actividad	
		Despedida y relajación	
		Juegos de mesa	

DENTRO Y FUERA

El objetivo del juego es que el RI, junto con el perro, realice las consignas que le indique el terapeuta alrededor de un área cuyos límites han sido establecidos.

El RI llevará al perro de la correa y recorrerá los límites externos de un espacio previamente demarcado, en el sentido de las agujas del reloj.

El RI se desplazará por la sala de distintas formas (andando, corriendo, saltando con los pies juntos o separados, rodando, reptando, gateando), sin pisar los límites del área que estarán señalados con cinta adhesiva.

El RI deberá estar atento a las siguientes órdenes que entregue el PI:

- "Dentro": El RI y el perro deben ingresar al interior del área y podrán recorrerla de diferentes formas pero sin pisar los límites.
- "Fuera": El RI y el perro deben salir al exterior del área y recorrer el espacio, respetando los límites.

Variantes:

- El RI efectuará las indicaciones de "dentro" o "fuera" al perro. Cuando ambos coincidan dentro o fuera del área demarcada, el RI imitará algunas habilidades del perro.

- Dibujaremos un círculo con tiza en el suelo. El PI le enseñará al RI que cada vez que él diga "dentro" o "fuera", deberá entrar o salir del círculo. Luego, las órdenes pueden darse por separado para el perro y para el RI; éste deberá discriminar cuándo le toca a él y cuándo no.

- Haremos que el RI haga entrar y salir el perro de una jaula para transporte de mascotas, según las indicaciones de PI o realizando él mismo los comandos.

COMANDOS PARA EL PERRO	MATERIAL
• Permanecer quieto	• Tikas
• Permanecer de pie	• Trasportín
• Target de dirección	

Área psicomotriz	Coordinación motora	Objetivos
	Estimulación sensorial	• Ejercitar la motricidad gruesa
	Percepción espacio-temporal	• Ejercitar la orientación espacial • Prestar atención a las órdenes
	Esquema corporal	• Prestar atención a los movimientos de los otros
Área cognitiva	Atención y concentración	• Adquirir o ejercitar la capacidad de concentración
	Categorización	
	Memoria	• Mejorar la comprensión oral • Aprender y respetar las normas
	Lenguaje y comunicación	• Estimular la escucha activa
Área socio-afectiva	Presentación	
	Actividad	
	Despedida y relajación	
	Juegos de mesa	

257

CUATRO DIRECCIONES

El objetivo del juego es que el RI practique los conceptos espaciales de "delante- detrás" y de "derecha-izquierda".

Colocaremos cinco aros en el suelo, uno en el centro y los otros cuatro formando una cruz.

El RI se situará en el centro de la cruz, con ambos pies dentro del aro. El PI o el perro le indicarán al RI hacia dónde quieren que se desplace, enseñándole láminas.

Para ello, el perro:

– acercará una lámina con su boca o dentro de un cesto
– tocará con el hocico una lámina sobre la pared
– se sentará sobre una determinada lámina

El desplazamiento se deberá efectuar con un solo pie, dejando el otro en el aro central. El perro será el responsable de comprobar si la acción se ha efectuado correctamente o no.

Si el perro pasa entre las piernas, significa que el RI lo ha hecho bien. Si se sienta antes de pasar, el desplazamiento es incorrecto.

Variante:

– Podemos hacer dos cruces paralelas, una para el niño y la otra para el perro. Ambos deberán seguir las consignas del PI al mismo tiempo.

COMANDOS PARA EL PERRO	MATERIAL
• Target de dirección	• Cinco aros
• Tocar con la pata o el hocico	• Lámina delante/detrás
• Sentarse	• Lámina derecha/izquierda
• Permanecer quieto	• Dado de direcciones

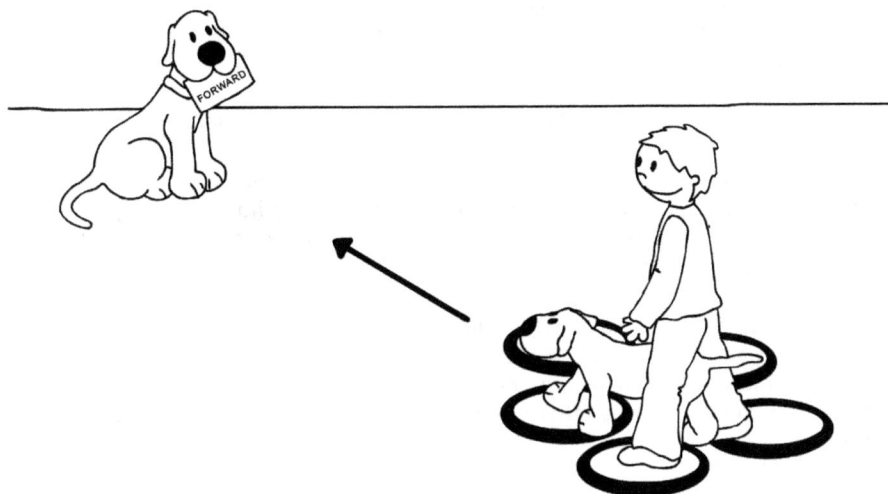

Área psicomotriz	Coordinación motora	Objetivos
	Estimulación sensorial	• Ejercitar la motricidad gruesa
	Percepción espacio-temporal	• Ejercitar el equilibrio • Control de la motricidad
	Esquema corporal	• Adquirir o ejercitar la noción de espacio y diercdióm
Área cognitiva	Atención y concentración	• Adquirir o ejercitar la capacidad de concentración
	Categorización	
	Memoria	• Mejorar la comprensión oral
	Lenguaje y comunicación	• Aprender y respetar las normas
Área socio-afectiva	Presentación	
	Actividad	
	Despedida y relajación	
	Juegos de mesa	

STOP, VEN

El objetivo de este juego es que el RI siga, en la calle, las consignas del PI.

Saldrán a pasear por la calle, ubicados desde el borde de la acera hacia la línea de edificación: el terapeuta, el RI, el perro y el PI. Este posicionamiento responde a la seguridad vial del RI durante el paseo.

– A la orden de "stop" el RI y el perro se detendrán instantáneamente. Si el RI cumple con la consigna, le entregará un premio al perro. Este ejercicio se realizará repetidamente. Cuando se haya alcanzado satisfactoriamente el objetivo, se darán las siguientes órdenes de manera aleatoria.

– "Vamos": El RI le dará la orden al perro para reanudar la marcha.

– "Ven" (para el RI): El terapeuta se situará a cierta distancia del grupo con un premio en la mano. Hará contacto visual con el RI y, por medio de un gesto en forma verbal, lo llamará. El RI se acercará junto con el perro y el terapeuta le entregará el premio para que se lo dé al perro.

– "Ven" (para el perro): Depositaremos el premio en el suelo a cierta distancia del perro y, para favorecer que el RI emita la orden, le diremos que lo recoja y llame al perro para que vaya hasta él. El perro esperará en postura de "sentado" y "quieto" en el punto de inicio; cuando el RI lo llame, acudirá para comer el premio.

COMANDOS PARA EL PERRO	MATERIAL
• Stop	• Premios
• Vamos	
• Venir	
• Premio a la orden	

	Coordinación motora	Objetivos
Área psicomotriz	Estimulación sensorial	• Ejercitar la coordinación dinámica global
	Percepción espacio-temporal	• Ejercitar la coordinación óculo-motriz
	Esquema corporal	• Prestar atención a las órdenes
	Atención y concentración	• Mejorar la expresión y comprensión del lenguaje
Área cognitiva	Categorización	• Aumentar la autoestima
	Memoria	
	Lenguaje y comunicación	
	Presentación	
Área socio-afectiva	Actividad	
	Despedida y relajación	
	Juegos de mesa	

SIÉNTATE EN CÍRCULO

El objetivo del juego es que el RI diferencie entre dos formas o dos colores.

Montaremos un circuito con conos y setas del mismo color, o bien con un solo elemento de dos colores distintos.

El PI, junto con el perro, demostrará lo que el RI practicará a continuación; por ejemplo, en cada seta del camino deberá hacer que el perro se siente, utilizando el comando "sienta".

Para que el RI pueda realizar este ejercicio, le deberemos enseñar algunas de las diferentes formas para hacer que el perro se siente a la orden.

- Situado a su lado, tocarle la grupa
- Tocarle la grupa y emitir la orden
- Situado frente al perro, mostrarle el puño
- Mostrarle el puño y emitir la orden

Podemos desarrollar el circuito en una línea recta o en un círculo, ajustando la dificultad a las capacidades del RI. Por ejemplo:

- Alternar conos y setas, donde debe sentarse el perro, en una línea recta.
- Alternar setas-"sienta" con diferentes acciones en los conos: el RI deberá tocar, acariciar, besar, cepillar o dar premios al perro.
- Alternar setas-"sienta", conos-acciones y diferentes obstáculos.

Variante:

- Introducir una nueva orden para ejecutar en las setas. Ésta la puede proponer el PI, el perro, por medio de dados, target o una ruleta, o el RI representando gestualmente lo que quiere que haga el perro.

COMANDOS PARA EL PERRO	MATERIAL
• Sentarse	• Setas de psicomotricidad
• Habilidades varias	• Conos
• Caminar al lado	• Láminas
• Permanecer de pie	• Dado de colores
	• Dado de habilidades
	• Elementos de pricomotricidad para armar un circuito

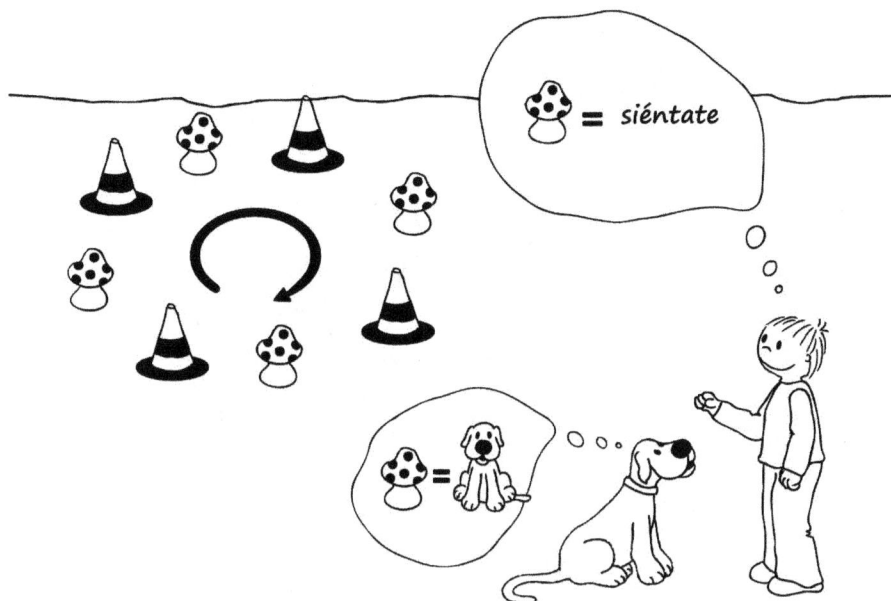

= siéntate

= 🐕

		Objetivos
Área psicomotriz	Coordinación motora	
	Estimulación sensorial	• Adquirir o ejercitar la noción de colores
	Percepción espacio-temporal	• Adquirir o ejercitar la noción de figuras geométricas
	Esquema corporal	• Ejercitar la orientación espacial
Área cognitiva	Atención y concentración	• Desarrollar la concentración
	Categorización	• Prestar atención al movimiento de los otros
	Memoria	• Desarrollar la función simbólica:
	Lenguaje y comunicación	• Estimular la interacción grupal
Área socio-afectiva	Presentación	
	Actividad	
	Despedida y relajación	
	Juegos de mesa	

DISTINTAS POSTURAS

El objetivo es que el RI imite los movimientos del perro y realice una actividad gratificante junto con él.

Dibujaremos con tiza un camino más o menos estrecho alrededor del perro.

El RI deberá recorrer el camino siguiendo las pautas de movimientos que indique el perro. Según los movimientos que éste haga, el RI deberá desplazarse caminando en cuatro patas, caminando sobre sus pies y con las manos hacia arriba, arrastrándose por el suelo, haciendo "croquetas" (rodando por el suelo), caminando hacia atrás, sentado sobre el trasero, etc.

Cada vez que el PI toque palmas, el perro adoptará otra postura y el RI variará su forma de desplazarse hacia la meta.

Variante:

– El RI hará girar la ruleta de los animales, donde se mencionan sus respectivas formas de desplazarse. El reto consiste en imitar la forma del animal entre ambos y desplazarse de la misma manera o lo más parecida posible. En el caso de que para el perro sea imposible imitar al animal que salió en la ruleta, este acompañará la actuación del RI con una habilidad o recibirá un premio de sus manos.

COMANDOS PARA EL PERRO	MATERIAL
• Cubrirse los ojos • Ponerse a dos patas • Andar hacia atrás • Reptar por el suelo • Saltar • Croqueta • Pedir • Permanecer de pie • Echarse • Sentarse • Twist	• Tiza • Ruleta o dado de los animales: las distintas formas de desplazaese • Dado de las habilidades

	Coordinación motora	Objetivos
Área psicomotriz	Estimulación sensorial	• Ejercitar la coordinación dinámica
	Percepción espacio-temporal	• Ejercitar el equilibrio
	Esquema corporal	• Representación mental del esquema corporal
Área cognitiva	Atención y concentración	• Ejercitar el sentido del ritmo
	Categorización	• Prestar atención al movimiento del otro
	Memoria	• Adquirir o ejercitar la capacidad de imitación
	Lenguaje y comunicación	•Desarrollar la función simbólica
Área socio-afectiva	Presentación	• Estimular la imaginación
	Actividad	• Experimentar el placer del movimiento
	Despedida y relajación	• Experimentar el placer por reir
	Juegos de mesa	

FRISBEE DE COLORES

El objetivo del juego es que el RI lance un Frisbee al perro.

Colocaremos unos conos de colores separados entre ellos a una cierta distancia. En otra parte del campo, habrá un cesto lleno de Frisbees de colores.

El RI, acompañado por el perro, deberá ir hasta el cesto y tomar uno. Luego, deberá situarse delante del cono del mismo color.

Si coinciden el color del cono con el del Frisbee, el RI podrá lanzárselo al perro y este se lo devolverá a cambio de un premio.

Variantes:

- El RI puede emparejar diferentes objetos y, si lo hace correctamente, le podrá lanzar el Frisbee al perro.

- Tomar números de un cesto y tarjetas con operaciones matemáticas de otro. Realizar la operación aritmética correspondiente. Si el resultado es correcto, podrá lanzarle el Frisbee al perro.

- Emparejar las láminas de elementos de higiene con los utensilios reales.

- Emparejar opuestos.

COMANDOS PARA EL PERRO	MATERIAL
• Llevar un objeto • Coger el objeto • Caminar al lado	• Conos de colores • Frisbees de colores • Cestos • Targetas con números y operaciones matemáticas • Objetos para emparejar

	Coordinación motora	Objetivos
Área psicomotriz	Estimulación sensorial	• Ejercitar la motricidad gruesa
	Percepción espacio-temporal	• Adquirir o ejercitar la noción de las formas geométricas
	Esquema corporal	• Adquirir o ejercitar la noción de los tamaños
Área cognitiva	Atención y concentración	• Adquirir o ejercitar la noción de los numeros o cantidades
	Categorización	• Adquirir o ejercitar la noción de los colores
	Memoria	
	Lenguaje y comunicación	
Área socio-afectiva	Presentación	
	Actividad	
	Despedida y relajación	
	Juegos de mesa	

SEGUIR AL PERRO

El objetivo de este juego es que el RI siga al perro e imite sus movimientos.

Plantearemos un circuito con distintos obstáculos repartidos por el aula o el jardín. El PI hará una demostración del recorrido con el perro, llamando la atención a los RI para que observen los movimientos que éste hace.

En función de la predisposición del perro, podemos elegir una posibilidad para seguirlo:

– Agarrarlo por la cola
– Colocarle un cinturón a la cintura
– Seguirlo sin tener contacto físico

Los participantes habrán de superar los distintos obstáculos:

– Subir por una rampa y bajarla
– Saltar por sobre una vara
– Pasar por encima de un banco
– Pasar por debajo de una vara
– Pasar por dentro de un túnel

También, entre obstáculos, el perro puede realizar distintas habilidades como: twist, up, pedir, croqueta, etc.

Variante:

– Cada RI conseguirá, a través de preguntas o de alguna actividad, un pañuelo de color. El PI nombrará un color y el RI se unirá al perro o a un compañero utilizando el pañuelo y formarán así un tren que siga al perro.

– Este juego se puede acompañar con música. Cuando la música deje de sonar, el tren tendrá que detenerse.

COMANDOS PARA EL PERRO	MATERIAL
• Target de dirección	• Elementos de psicomotricidad
• Habilidades con comandos gestuales	Túneles
	Barras
	Conos
	Bancos
	Cajones
	• Pañuelos
	• Ruleta o dados de colores
	• Música
	• Correas

Área	Coordinación motora	Objetivos
Área psicomotriz	Estimulación sensorial	• Ejercitar la cpprdinación dinámica global
	Percepción espacio-temporal	• Ejercitar la motricidad gruesa
	Esquema corporal	• Ejercitar la orientación espacial y temporal
Área cognitiva	Atención y concentración	• Ejercitar el equilibrio
	Categorización	• Ejercitar la lateralidad
	Memoria	• Desarrollar el equema corporal
	Lenguaje y comunicación	• Prestar atención al movimiento del otro
Área socio-afectiva	Presentación	• Adquirir o ejercitar la capacidad de concentración
	Actividad	• Desarrollar o evaluar la memoria a corto plazo
	Despedida y relajación	• Aprender y respetar las normas
	Juegos de mesa	

269

PASES DE PELOTA

El objetivo del juego es que los compañeros de la actividad se pasen una pelota.

Los participantes se situarán en círculo o uno frente a otro. Antes de lanzar la pelota, el RI deberá decir el nombre del compañero a quien se la lanzará, para llamar su atención.

Al iniciar el juego, tendrán un número determinado de pelotas para lanzar. Si la pelota cae al suelo, será un punto para el perro; éste la recogerá y la llevará a su cesto.

Al finalizar, se contará la cantidad de pelotas que tiene el perro y las que tienen los RI.

Si el perro tiene más pelotas, les pedirá a los RI que hagan pruebas de psicomotricidad; si tienen más pelotas los RI, pedirán al perro que realice algunas habilidades.

Variante:

- Dividiremos al grupo en dos equipos que se formarán en fila, a cierta distancia entre compañeros. Cuando el perro toque una campana con la pata, los participantes se deberán pasar la pelota de atrás hacia delante.

  Cuando la pelota llegue al primer participante de cada fila, se la lanzará alperro de su equipo, para que la coja en el aire y la guarde en su cesto.

  El equipo que tenga todas las pelotas guardadas en el cesto será el equipo vencedor. En lugar que guardar la pelota en el cesto, el perro puede encanastar la pelota

COMANDOS PARA EL PERRO	MATERIAL
• Permanecer de pie	• Pelotas de colores
• Llevar un objeto	• Cestos
• Coger un objeto en el aire	• Targetas con habilidades o acciones
• Guargar un objeto en un cesto	• Campana
• Habilidades varias	• Dado de habilidades
• Encanastar	

		Objetivos
Área psicomotriz	Coordinación motora	• Ejercitar la motricidad gruesa • Ejercitar la coordinación óculo-manual • Desarrollar la presición • Modelar tono y modo de la voz • Prestar atención a las órdenes • Adquirir la nociones de aritmética • Desarrollar la interacción social • Estimular communication grupal • Presentación inicial • Conocer y respetar las normas de interacción social • Favorecer las relaciones de afinidad
	Estimulación sensorial	
	Percepción espacio-temporal	
	Esquema corporal	
Área cognitiva	Atención y concentración	
	Categorización	
	Memoria	
	Lenguaje y comunicación	
Área socio-afectiva	Presentación	
	Actividad	
	Despedida y relajación	
	Juegos de mesa	

EL BAÚL DEL PERRO

El objetivo del juego es que el RI le explique al perro cómo jugar con los juguetes de su baúl.

Para ello, el PI colocará dentro de una caja distintos objetos, con los que quiera que el RI trabaje, simulando que son juguetes del perro.

El RI tomará un objeto de la caja; el perro estará a su lado. En el nivel de recuperación funcional, la caja se puede situar a diferentes alturas o distancias para una actividad de mayor o menor dificultad física.

Cuando haya tomado el juguete, lo describirá, con la ayuda del terapeuta o sin ella y, a continuación, se lo lanzará al perro.

El perro le retornará el objeto al RI y éste le explicará detenidamente las características del juguete, mientras el perro lo mira o se reclina en él.

Variantes:

– Colocaremos dentro del baúl objetos emocionalmente relevantes para el RI, para que, con ayuda del terapeuta, le exprese al perro sus pensamientos.

– Pondremos en el baúl elementos de la higiene y el cuidado personal para que el RI le enseñe al perro para qué sirven y cómo se utilizan.

– El RI adivinará qué objeto está tocando dentro del baúl antes de verlo. Si lo que describe es correcto, se lo podrá lanzar al perro.

– Pediremos al RI que recuerde los objetos que ha extraído de la caja.

COMANDOS PARA EL PERRO	MATERIAL
• Sentarse	• Baúl o cajón
• Trae	• Objectos para trabajar
• Dar un objeto	
• Mirar	
• Head down	

Área psicomotriz	Coordinación motora	Objetivos
	Estimulación sensorial	• Ejercitar la motricidad fina
	Percepción espacio-temporal	• Ejercitar la percepción táctil
	Esquema corporal	• Ejercitar observation del desplazamiento de los objetos
Área cognitiva	Atención y concentración	• Modelar la voz
	Categorización	• Acceptar las normas de interacción social
	Memoria	• Establecer correspondencias entre los objetos
	Lenguaje y comunicación	• Desarrollar lenguaje: comprensión y expresión
Área socio-afectiva	Presentación	• Enriquecer el vocabulario
	Actividad	• Trabajar la atención prolongada
	Despedida y relajación	• Desarrollar o evaluar la memoria a largo plazo
	Juegos de mesa	

273

CIRCUITO DE OBSTÁCULOS PERRUNOS

El objetivo del juego es completar un circuito para obtener las piezas de un rompecabezas con la imagen de un perro.

En el circuito, se alternarán obstáculos materiales con obstáculos perrunos. En primer lugar, el RI deberá sortear algunas pruebas:

- Salto en altura de una vara,
- pasar por encima de un banco,
- acertar aros a la vara o al perro,
- pasar por debajo de la vara, etc.

El perro se ubicará a continuación de los obstáculos y, luego de cada uno de estos retos, el RI realizará un ejercicio con el perro:

- pasar por encima del perro tumbado
- rodear al perro saltando, caminando o corriendo
- realizar un ocho con dos perros
- pasar por debajo del perro

Al finalizar el circuito, el PI le entregará una ficha al RI y este deberá identificar a qué parte del cuerpo del perro corresponde. También podrá tocarlo o colocarle una etiqueta autoadhesiva en esa parte del cuerpo.

Sobre una mesa, los RI construirán el rompecabezas con la imagen del perro utilizando las piezas que hayan ganado al finalizar el recorrido.

Variante:

- Al finalizar el circuito, el RI lanzará el dado de partes del cuerpo y deberá tomar la pieza del rompecabezas correspondiente.

COMANDOS PARA EL PERRO

- Echarse
- Permanecer de pie

MATERIAL

- Varas y conos
- Bancos o steps
- Aros
- Puzzle
- Dado de las partes del cuerpo

		Objetivos
Área psicomotriz	Coordinación motora	• Ejercitar la motricidad gruesa
	Estimulación sensorial	• Favorecer el movimiento simétrico y asimétrico
	Percepción espacio-temporal	• Ejercitar la inhibition del movemento
	Esquema corporal	• Ejercitar el equilibrio
Área cognitiva	Atención y concentración	• Adquirir o ejercitar la capacidad de concentración
	Categorización	• Mejorar lenguaje comprensión y expresión:
	Memoria	• Accept las normas de la interaccióm social
	Lenguaje y comunicación	
Área socio-afectiva	Presentación	
	Actividad	
	Despedida y relajación	
	Juegos de mesa	

275

El objetivo del juego que los participantes de la sesión formen figuras complejas con sus cuerpos para que el perro intente pasar por en medio.

Dispondremos de un tapiz con círculos de colores o uniremos aros de distintos colores sobre el suelo. Adecuaremos la dificultad de acuerdo con la capacidad de los RI.

El perro traerá una pelota con su boca o dentro de un cesto, uno de los RI la guardará. Otro, girará la ruleta de las partes del cuerpo o lanzará el dado de las partes del cuerpo al perro y esperará a que éste se lo traiga de vuelta.

Los participantes que estén sobre el tapiz deberán colocar esa parte del cuerpo sobre un punto del mismo color que la pelota.

Cuando todos los participantes estén colocados, el perro intentará pasar por el medio del grupo.

Variante:

– Si no participa un gran número de jugadores, el PI dirá qué parte del cuerpo deberán mover hacia qué color

COMANDOS PARA EL PERRO	MATERIAL
• Target de dirección	• Tapiz con círculos de colores
• Reptar por el suelo	• Aros de colores
	• Pelotas de colores
	• Rulea de las partes del cuerpo
	• Dado de las partes del cuerpo

Área		Objetivos
Área psicomotriz	Coordinación motora	
	Estimulación sensorial	• Ejercitar la motricidad gruesa
	Percepción espacio-temporal	• Ejercitar el equilibrio
	Esquema corporal	• Desarrollar el esquema corporal
Área cognitiva	Atención y concentración	• Adquirir o ejercitar la noción de los colors
	Categorización	• Mejorar le lenguaje comprensión y expresión
	Memoria	• Estimular la interacción grupal
	Lenguaje y comunicación	• Experimentar el placer de las risas
Área socio-afectiva	Presentación	• Respetar el tiempo de espera
	Actividad	
	Despedida y relajación	
	Juegos de mesa	

277

AL DERECHO Y AL REVÉS

El objetivo del juego es memorizar una actividad y realizarla nuevamente en sentido inverso, es decir, empezando desde el final.

Plantearemos un circuito de dificultad variable en función de la capacidad de cada RI. Luego de completarlo un par de veces, le pediremos al RI que lo vuelva a recorrer empezando por el final.

Los posibles obstáculos pueden ser los siguientes:

1- Pasar por encima de un rulo con las piernas abiertas y con el perro al lado
2- Dar una vuelta a una mesa y entregarle un premio al perro
3- Hacer que el perro suba a una silla y tocarle le cabeza
4- Saltar un rulo o una vara y hacer saltar al perro

Para hacer más visible la idea de hacer y deshacer, se puede modificar la actividad de la siguiente manera: cada vez que el RI supere correctamente un obstáculo, el PI le colocará al perro una prenda de vestir. Al llegar al punto final del circuito, el perro estará vestido.

Cuando el RI recorra el circuito en sentido inverso, cada vez que supere un obstáculo, el PI (o el RI) le sacará al perro una prenda. Al llegar al punto de inicio, el perro volverá a estar desvestido.

Variante:

– Mientras el PI coloque una prenda, el RI se sentará al lado del perro. Mientras tanto, el PI le pedirá que relate un sentimiento o vivencia agradable. Por el contrario, al deshacer el circuito, cada vez que el PI le saque una prenda al perro, el RI relatará una experiencia desagradable.

COMANDOS PARA EL PERRO	MATERIAL
• Caminar al lado • Premio • Sube • Saltar	• Rulo o tubo de psicomotricidad • Varas y conos • Prendas de vestir aptas para el perro

	Coordinación motora	Objetivos
Área psicomotriz	Estimulación sensorial	• Desarrollar o evaluar la memoria visual
	Percepción espacio-temporal	• Adquirir o ejercitar la capacidad de concentración
	Esquema corporal	• Ejercitar la motricidad gruesa
Área cognitiva	Atención y concentración	• Ejercitar la motricidad fina
	Categorización	• Aprender a codificar y descodificar
	Memoria	• Aumentar la autoestima
	Lenguaje y comunicación	• Saber expresar los propios sentimientos
Área socio-afectiva	Presentación	
	Actividad	
	Despedida y relajación	
	Juegos de mesa	

279

HUEVO DE HABILIDADES

El objetivo del juego es que los RI se pasen un huevo, diciendo antes el nombre del compañero que tienen al lado.

Situaremos a los participantes en una fila o un semicírculo. El PI se colocará delante de ellos junto con el perro en posición de "quieto".

El PI lanzará el dado para determinar con qué parte del cuerpo sostendrán el huevo los participantes; por ejemplo: debajo del mentón, con la mano, entre las rodillas, debajo del la axila, en el pliegue interior del codo, etc. Los RI se pasarán el huevo de esta forma hasta que el perro modifique su postura o realice un movimiento distinto al que inició al lanzarse el dado; por ejemplo, si el perro estaba sentado, se pondrá de pie; si estaba dando vueltas sobre sí mismo, se tumbará. En ese instante, el juego se detendrá y la persona que tenga el huevo, deberá salir al frente e imitar el movimiento que estaba haciendo el perro justo antes de cambiar. Luego, el PI volverá a lanzar el dado para reiniciar el juego.

Variante:

- Con uno o varios RI, podemos pactar la secuencia de habilidades que deberá ejecutar el perro. Los participantes se pasarán el huevo y, en el momento que el PI lo indique golpeando las manos, el participante que tenga el huevo le deberá decir al perro qué habilidad le toca realizar.

COMANDOS PARA EL PERRO

- Sentarse
- Permanecer quieto
- Habilidades varias

MATERIAL

- Huevo o pelota de plástico
- Láminas de habilidades
- Dado de las partes del cuerpo

Área psicomotriz	Coordinación motora	Objetivos
	Estimulación sensorial	• Ejercitar la coordinación dinámica global
	Percepción espacio-temporal	• Desarrollar el esquema corporal
	Esquema corporal	• Imitar los movimientos: control del cuerpo
Área cognitiva	Atención y concentración	• Prestar atención a las órdenes
	Categorización	• Prestar atención al movimiento de los otros
	Memoria	• Adquirir o ejercitar la capacidad de imitación
	Lenguaje y comunicación	• Aprender los nombres de los compañeros
Área socio-afectiva	Presentación	• Estimular comunication
	Actividad	
	Despedida y relajación	
	Juegos de mesa	

LANZAMIENTO DE PELOTAS

El objetivo es que el RI toque el hueso del perro lanzando distintos objetos.

Para favorecer el lanzamiento controlado de los objetos a una mayor o menor distancia, colocaremos en el suelo el hueso del perro y le pediremos al RI que lance unas pelotas e intente tocarlo.

Cada vez que el RI consiga tocar el hueso, el perro realizará una habilidad y cada vez que falle, el RI deberá cumplir con una consigna.

La distancia que se colocará el hueso del perro la determinará el terapeuta, al igual que el tamaño, rugosidad y peso de las pelotas que lanzará el RI.

Variantes:

– Lanzamiento de aros al cuello del perro: Le pediremos al RI que, con mucha precisión, lance algunos aros al cuello del perro . Éste estará sentado y quieto a una cierta distancia del RI. El TAA velará por la seguridad del perro, situándolo un poco por debajo de la distancia crítica para asegurarse el éxito del RI.

– El RI deberá reconocer la carta de una habilidad perruna que le muestre el PI y pedirle al perro correctamente que la ejecute (modo y tono) . Si responde al comando, podrá lanzarle una pelota al perro para que éste la atrape, a modo de juego.

COMANDOS PARA EL PERRO	MATERIAL
• Habilidades varias: twist, up, Tumbarse, atrás, el ocho, la croqueta, etc.	• Huesos para perros • Pelotas • Dado de habilidades caninas • Baraja de habilidades caninas

Área psicomotriz	Coordinación motora	Objetivos
	Estimulación sensorial	• Ejercitar la coordinación óculo-manual
	Percepción espacio-temporal	• Ejercitar la percepción visual:
	Esquema corporal	• Ejercitar la percepción táctil
Área cognitiva	Atención y concentración	• Desarrollar y controlar la fuerza muscular
	Categorización	• Desarrollar la presición
	Memoria	• Aceptar las normas sociales
	Lenguaje y comunicación	• Experimentar el placer del logro
Área socio-afectiva	Presentación	• Experimentar el placer de reír
	Actividad	
	Despedida y relajación	
	Juegos de mesa	

DIANA PERRUNA

El objetivo de la actividad es que el RI reconozca las partes de cuerpo o las emociones del perro y las asocie con las humanas.

Colgaremos de la pared una fotografía de un perro semejante al perro de terapia o bien colocaremos sobre la mesa un perro de peluche. El RI deberá lanzar pelotas pintadas con pintura de dedos a distintas partes del cuerpo del perro de la lámina en la pared o pelotas con velcro a las del perro de peluche.

Cada vez que haga diana en una de las partes, deberá reconocerla, nombrarla e identificarla sobre el perro de terapia y en su propio cuerpo. Podemos pedir al RI que nos explique para qué cree que sirve esa parte del cuerpo.

Variante de las emociones:

– Colocaremos sobre la pared láminas de rostros humanos que expresen diferentes emociones.

El perro le acercará al RI cartas que representen distintos estado de ánimos perrunos. Cada vez que el perro le traiga una de estas cartas al RI, junto con el TIA intentarán identificar la emoción perruna de la carta y pensarán qué situaciones pueden producirle este sentimiento al perro. A continuación, el RI identificará esta misma emoción con las imágenes humanas y lanzará una pelota a la imagen respectiva. Si la elección es correcta, le explicará al terapeuta qué situaciones le producen a él este sentimiento y luego le lanzará la pelota al perro para que la vaya a buscar.

COMANDOS PARA EL PERRO	MATERIAL
• Coger el objeto	• Ilustración de un perro
• Dar un objeto	• Pelotas con velcro
• Llevar un objeto	• Imagenes de expresiones faciales
• Permanecer de pie	

	Coordinación motora	Objetivos
Área psicomotriz	Estimulación sensorial	• Ejercitar la motricidad fina
	Percepción espacio-temporal	• Ejercitar la coordinación óculo-manual
	Esquema corporal	• Desarrollar la noción de esquema corporal
Área cognitiva	Atención y concentración	• Desarrollar y controlar la fuerza muscular
	Categorización	• Desarrollar la puntería
	Memoria	• Establecer correspondencias entre objetos
	Lenguaje y comunicación	• Reconocer propiedes de los objetos
Área socio-afectiva	Presentación	• Expresar los sentimientos
	Actividad	• Trabajar el lenguaje no verbal
	Despedida y relajación	• Reconocer la expresión de los sentimientos
	Juegos de mesa	

285

CLIQUEAR: YOGA CANINO

El objetivo de la actividad es que el RI imite una postura canina y reciba, luego, el refuerzo positivo de los demás.

Basándonos en la premisa del adiestramiento positivo: "Hagamos un trato: cada vez que hagas una cosa bien, te lo diré mediante un click y, a continuación, te daré un premio", realizaremos este ejercicio para que el RI y el perro reciban sus propias recompensas.

Haremos dos pilas de cartas: una con habilidades caninas y otra con posturas de yoga humano/canino. Estas imágenes, logradas por medio de la edición digital, se pueden ver en un poster que lleva el mismo nombre: "yoga canino".

Para empezar, el RI1 que empiece el juego le pedirá a uno de sus compañeros, el RI2 que haga un sonido con el clicker en el momento exacto en que el perro realice la habilidad. Luego, el RI1 le dará un premio al perro: una caricia o una croqueta perruna.

Entonces, será el turno de que el RI2 tome una carta del yoga humano/canino. La observará detenidamente y se la pasará a otro de sus compañeros: el RI3, para que lo aplauda y le diga un cumplido justo en el momento en que haga correctamente esa postura.

Así repetiremos la operación hasta que todos hayan realizado las habilidades caninas y las posturas de yoga.

Variante:

— El perro realizará una habilidad y el RI cliqueará y lo premiará. Luego, el RI imitará el posicionamiento que ha realizado el perro y el PI le aplaudirá y felicitará con un cumplido.

COMANDOS PARA EL PERRO	MATERIAL
• Habilidades varias	• Láminas de habilidades caninas • Targetas de posturas de yoga • Targetas de yoga canino

		Objetivos
Área psicomotriz	Coordinación motora	• Ejercitar la coordinación dinámica
	Estimulación sensorial	• Ejercitar el equilibrio y la lateralidad
	Percepción espacio-temporal	• Desarrollar la noción de esquema corporal
	Esquema corporal	• Prestar atención al movimiento de los otros
Área cognitiva	Atención y concentración	
	Categorización	• Adquirir o ejercitar la capacidad de imitación, observación y memoria visual
	Memoria	• Desarrollar la interacción social
	Lenguaje y comunicación	• Desarrollar conductas prosociales
Área socio-afectiva	Presentación	• Desarrollar la empatía
	Actividad	
	Despedida y relajación	
	Juegos de mesa	

287

El objetivo de la actividad es motivar al RI para que manipule distintos tipos de cierres.

Con potes y bolsas de premios:

Colocaremos en un circuito un conjunto de frascos y bolsas con premios. La peculiaridad es que cada uno de estos objetos tendrá distintos tipos de cierres que el RI deberá manipular para poder sacar y dar el premio al perro. A medida que el RI camine por el circuito y realice distintas actividades encontrará los potes de premios. Entonces, deberá sentarse y abrirlos para poder sacar el premio y dárselo al perro.

Variante:

– Disponer de un muñeco con bolsillos de diferentes cierres y esconder los premios dentro de ellos.

Con correas CTAC

Le propondremos al RI de salir a pasear con el perro. Cuando abra la caja de las correas, el RI las encontrará en pedazos. El RI deberá reconstruir la correa utilizando los distintos tipos de cierre y luego podrá colocársela al perro para salir a pasear.

Variantes:

– Colocaremos los trocitos de correa por el suelo y le pediremos a los RI que identifiquen en su propia vestimenta los distintos tipos de cierres de las correas. A continuación, el TIA repartirá al azar un trozo de correa con un tipo de cierre característico a cada RI. Los RI deberán encontrar al compañero que tiene el trozo de correa que se acopla a la suya. Así entre todos podrán completar todas las correas y salir a pasear con los perros.

– El perro acercará una imagen de un cierre al RI. Este colocará en el collar del perro una correa cuyo cierre coincida con el de la ilustració.

COMANDOS PARA EL PERRO	MATERIAL
• Caminar al lado	• Correas CTAC
• Premio a la orden	• Recipientes con distintos cierres
• Target de dirección	
• Ladrar	
• Permanecer quieto	

Área psicomotriz	Coordinación motora	Objetivos
	Estimulación sensorial	• Ejercitar la motricidad fina
	Percepción espacio-temporal	• Ejercitar la coordinación óculo-manual
	Esquema corporal	• Experimentar el placer por el éxito
Área cognitiva	Atención y concentración	• Experimentar el placer por el dominio sobre el objeto
	Categorización	• Desarrollar la capacidad de automotivarse
	Memoria	• Aumentar la tolerancia a la fustración
	Lenguaje y comunicación	
Área socio-afectiva	Presentación	
	Actividad	
	Despedida y relajación	
	Juegos de mesa	

COLLAGE DEL PERRO

El objetivo de la actividad es realizar un collage con la imagen del perro.

Se distribuirán por el salón algunas cajitas con diversos materiales para realizar un collage. Pueden colocarse debajo de conos o apoyarlos sobre otros objetos a diferentes alturas.

El RI hará un paseo con el perro y recolectará los materiales que encuentre durante el recorrido.

Al finalizar el paseo, podrá hacer el collage sobre una plantilla. Los elementos que pueden usarse son, por ejemplo: pelo de perro, algodón, pienso molido, trocitos pequeños de alimento para perros, serrín, lana, pegamento, etc.

De esta manera, el RI manipulará distintos materiales y se podrá llevar consigo un recuerdo de la sesión, en el que colocará su nombre y el del perro.

Variantes:

- Encontrar el material para realizar el collage dentro de potes que contengan distintas texturas.

- Realizar un juego de roles de compra y venta. Participarán el RI junto al perro y el PI u otro RI, trabajando las habilidades sociales, la comunicación verbal y no verbal adecuadas.

COMANDOS PARA EL PERRO	MATERIAL
• Permanecer quieto	• Materiales perrunos para realizar un collage: pelo, pienso, tela...
• Ladrar	
• Echarse	• Lámina con la silueta del perro
• Pedir	• Potes con diferentes materiales: arroz, agua, lentejas, pienso...
• Dar la pata	
• Target de dirección	
• Caminar al lado	
• Premio	

Área		Objetivos
Área psicomotriz	Coordinación motora	
	Estimulación sensorial	• Ejercitar la motricidad fina
	Percepción espacio-temporal	• Ejercitar la coordinación óculo-manual
	Esquema corporal	• Ejercitar la orientación espacial
Área cognitiva	Atención y concentración	• Estimular la interacción y comunicación grupal
	Categorización	• Aprender y respetar las normas
	Memoria	• Disminuir la timidez
	Lenguaje y comunicación	• Estimular la comunicación verbal y no verbal
Área socio-afectiva	Presentación	
	Actividad	
	Despedida y relajación	
	Juegos de mesa	

BOWLING EMOTIVO

El objetivo de este juego es el RI y el perro construyan una pista de bolos.

Para conseguir cada una de los bolos de colores, el RI deberá emparejar las sensaciones físicas del RI con las tarjetas o dibujos de emociones o sentimientos que le traiga el perro. Por ejemplo:

- Tengo un nudo en el estómago y no paro de moverme: estoy ansioso.
- Tengo ganas de llorar y el ceño fruncido: estoy triste.
- Tengo ganas de romper cosas y aprieto los puños con fuerza: estoy enfadado.
- Siento como si flotase y tengo una sonrisa en mi cara: estoy feliz.
- Tengo ganas de esconderme y mis hombros se encogen hacia dentro: estoy avergonzado.
- Mi corazón late deprisa y tengo los ojos bien abiertos: estoy asustado.
- Todo me molesta y tengo la cara roja: estoy malhumorado.
- Me pesa todo el cuerpo y busco apoyo en todas partes: estoy cansado.

Por cada pareja, el RI ganará uno de los bolos y lo colocará en la posición indicada. Al finalizar, el perro le traerá la pelota con la que efectuará el lanzamiento para voltearlos.

COMANDOS PARA EL PERRO

- Permanecer quieto
- Dar un objeto
- Llevar un objeto

MATERIAL

- Pelota
- Bolos
- Cartas con la descripción de emociones
- Cartas CTAC de emociones

	Coordinación motora	Objetivos
Área psicomotriz	Estimulación sensorial	• Ejercitar la coordinación oculo-manual
	Percepción espacio-temporal	• Favorecer la punteria
	Esquema corporal	• Desarrollar la función simbólica: codificación y descodificación de símbolos
Área cognitiva	Atención y concentración	
	Categorización	• Mejorar la expresión y comprensión
	Memoria	• Estimular la interacción grupal
	Lenguaje y comunicación	• Gestión y expresióm de emociones y sentimientos
Área socio-afectiva	Presentación	
	Actividad	
	Despedida y relajación	
	Juegos de mesa	

CALCETINES PERRUNOS

El objetivo de esta actividad es que el RI encuentre la pareja de cada uno de los calcetines desapareados que le traiga el perro.

Dispondremos de un conjunto de calcetines parecidos o no entre sí. El PI elegirá los más adecuados para ese RI o para ese grupo y formará dos pilas. Una, se la dará al perro y la otra, la volverá a guardar dentro de una maleta.

El RI llamará al perro y este le traerá o le mostrará desde lejos un calcetín, según el grado de dificultad que queramos alcanzar. El RI deberá encontrar dentro del maletín la pareja correspondiente antes de que el perro finalice un determinado recorrido.

Con todas las parejas que haya formado, el RI decidirá qué calcetines le va a colocar al perro. Este se tumbará de espalda permitiendo que el RI le vaya colocando los calcetines en las patas: delanteras, traseras, derecha, izquierda...

Hay que tener en cuenta que las uñas delanteras y el espolón dificultan la colocación de los calcetines. Es por esto que el TIA lo asistirá para colocarlos. El par del calcetín que esté colocado se anudará en el brazo o en la pierna sosteniéndolo para evitar que se desplace hacia abajo.

Variante:

– Colocar un premio dentro de cada calcetín. El RI deberá sacarlo para dárselo al perro. Cada pareja de calcetines contendrá el mismo número de premios.

COMANDOS PARA EL PERRO

- Llevar un objeto
- Permanecer de pie
- Echarse
- barriguita
- Permanecer quieto

MATERIAL

- Calcetines
- Maletín

		Objetivos
Área psicomotriz	Coordinación motora	
	Estimulación sensorial	• Ejercitar la motricidad fina
	Percepción espacio-temporal	• Ejercitar la lateralidad
	Esquema corporal	• Adquirir o ejercitar la noción de cantidad,colores, tamaños, formas.
Área cognitiva	Atención y concentración	• Desarrollar o evaluar la memoria visual
	Categorización	• Establecer correspondencias entre objetos
	Memoria	• Favorecer el reconocimiento táctil
	Lenguaje y comunicación	• Experimentar el placer por la sensación de logro
Área socio-afectiva	Presentación	• Mejorar la capacidad de tomar decisiones
	Actividad	
	Despedida y relajación	
	Juegos de mesa	

DEL UNO AL DIEZ

El objetivo de la actividad es que el RI responda a ciertas preguntas para llegar a la meta: el número diez.

En el suelo dibujaremos diez cuadros dispuestos según la dificultad deseada: en fila, en semicírculo, en forma de tejo o rayuela. A cada uno de los cuadros numerados le corresponderá una pregunta:

1 ¿Quién soy y cómo soy?
2 ¿Quién me cuida y se preocupa por mí?
3 Me siento orgulloso de...
4 Un buen recuerdo
5 Un mal recuerdo
6 Lo que más me gusta es...
7 El programa de televisión que más me gusta es...
8 Mi mejor amigo
9 Mi mejor amiga
10 Lo que más feliz me hace es...

El perro se desplazará por los números indicando el número del cuadro en el cual el RI deberá lanzar su saco de arena. Cuando lo haya conseguido, responderá a la pregunta correspondiente a ese número.

A continuación, pasará el turno a su compañero que tendrá un saco de otro color. Ganará aquel RI cuyo saco llegue primero a la meta. Mientras tanto, para favorecer la atención del grupo el PI preguntará a los compañeros sobre las respuestas dadas por los anteriores participantes.

COMANDOS PARA EL PERRO

• Tocar con la pata o con el hocico
• Llevar una targeta con la boca
• Dar un objeto en la mano
• Permanecer de pie
• Target de dirección

MATERIAL

• Saquitos de arena de colores
• Aros
• Targetas con preguntas

	Coordinación motora	Objetivos
Área psicomotriz	Estimulación sensorial	• Desarrollar the capacidad de conocer a los demás
	Percepción espacio-temporal	• Disminuir la timidez
	Esquema corporal	• Tomar conciencia de las propias capacidades y limitaciones
Área cognitiva	Atención y concentración	• Desarrollar una autoimagen ajustada y positiva
	Categorización	• Favorecer la dinámica de grupo
	Memoria	• Gestión de emociones
	Lenguaje y comunicación	• Desarrollar la puntería
Área socio-afectiva	Presentación	• Aprender a escuchar y responder
	Actividad	• Aceptar las normas de interacción social
	Despedida y relajación	
	Juegos de mesa	

SEGUIMIENTO DE CONSIGNAS

El objetivo de la actividad es que el RI realice las consignas entregadas por el perro.

El PI anotará una serie de instrucciones sobre unos tarjetones plastificados –para que el perro los pueda agarrar con la boca– o sobre un papel, si preferimos guardarlos dentro de los bolsillos de la manta de terapia CTAC o esconderlos en algún lugar del aula.

Estas consignas se ordenarán de menor a mayor complejidad. Podremos plantear instrucciones témporo-espaciales, de habilidades sociales y afectivas, y de representación del esquema corporal, entre otras.

El RI podrá conseguir una tarjeta extrayéndola de la manta de terapia CTAC, pidiéndole al perro que se la traiga con la boca, ganándola luego de realizar una acción de psicomotricidad (lanzamiento de pelotas, saltos, paseo...), pidiéndole una habilidad al perro, etc.

Al obtenerla, leerá –o escuchará– atentamente la instrucción y la llevará a cabo con la ayuda de unadulto o sin ella.

Variante:

– El RI leerá o escuchará la instrucción y luego la emitirá de modo correcto, para que su compañero la realice.

COMANDOS PARA EL PERRO	MATERIAL
• Llevar un objeto • Permanecer quieto • Target de dirección • Premio a la orden • Mirar • Permanecer de pie	• Manta de terapia CTAC

Área		Objetivos
Área psicomotriz	Coordinación motora	
	Estimulación sensorial	• Prestar atención a las órdenes
	Percepción espacio-temporal	• Adquirir o ejercitar la capacidad de concentración
	Esquema corporal	• Desarrollar la función simbólica
Área cognitiva	Atención y concentración	• Aprender y respetar las normas
	Categorización	• Aprender a escuchar sin interferencias
	Memoria	• Lectura
	Lenguaje y comunicación	• Mejorar el lenguaje: comprensión y expresión
Área socio-afectiva	Presentación	• Estimular la interacción y la comunicación grupal
	Actividad	• Desarrollar la capacidad de gozar de los sentimientos positivos
	Despedida y relajación	
	Juegos de mesa	

DIEZ MANERAS PARA DAR DE COMER

El objetivo de esta actividad favorecer la aproximación paulatina del RI al perro, en el momento de darle de comer sus premios. Si bien dar de comer al perro es una de las actividades más valoradas por los RI, deberán acostumbrarse a ello y vencer posibles miedos.

Escala de entrega de premios CTAC

Esta escala nos muestra el grado de aproximación que se va logrando con el transcurso del tiempo:

- El RI lanza el premio al perro a distancia sin contacto visual.
- El RI lanza el premio al perro a distancia con contacto visual.
- El RI deposita el premio en la palma de la mano del TIA, que está lejos del perro.
- El RI deposita el premio en la palma de la mano del TIA, que está tocando su hocico.
- El RI deposita el premio en una superficie rígida y la acerca al perro.
- El RI deposita el premio en alguna una parte de su cuerpo para que el perro se acerque a comer.
- El RI deposita el premio en la palma de su mano y, con ayuda física, le entrega el premio al perro.
- El RI deposita el premio en la palma de su propia mano y, sin ayuda física, le entrega el premio al perro.
- El RI le entrega el premio al perro, realizando la pinza con sus propios dedos con ayuda física.
- El RI le entrega el premio al perro, realizando la pinza con sus propios dedos sin ayuda física.

Variante:

— Para trabajar la motricidad fina, tomar el premio con una pinza de tender la ropa o dar de comer al perro con una cuchara.

COMANDOS PARA EL PERRO	MATERIAL
• Permanecer quieto	• Premios
• Premio	• Platos
• Mirar	• Bandejas
	• Pinzas

day	1	2	3	4	5	6	7	8	9	10
1	X	X								
2			X	X	X					
3					X					
4						X	X			
5								X		
6								X		
7								X	X	
8							X			
9						X				
10										X

		Objetivos
Área psicomotriz	Coordinación motora	
	Estimulación sensorial	• Ejercitar la motricidad fina
	Percepción espacio-temporal	• Ejercitar la percepción táctil • Ejercitar percepción olfativa
	Esquema corporal	• Expresar los sentimientos
Área cognitiva	Atención y concentración	• Desarrollar una autoimagen ajustada y positiva
	Categorización	• Crear un vínculo afectivo
	Memoria	• Autorizar relaciones mas estrechas
	Lenguaje y comunicación	
Área socio-afectiva	Presentación	
	Actividad	
	Despedida y relajación	
	Juegos de mesa	

LA CORREA COMO VÍNCULO (I)

El objetivo de la actividad es que el RI logre aproximarse al perro y permanezca tranquilo y relajado.

Si el RI muestra signos de estrés por la presencia del perro, tomaremos el tiempo necesario para reducir la distancia entre él y el perro.

- En ningún momento el RI deberá encontrarse arrinconado, sino que deberá tener la posibilidad de desplazarse en dirección contraria al perro.
- El perro siempre deberá estar por debajo de la línea visual del RI.
- El perro permanecerá quieto en un lugar, esperando que el RI se aproxime.
- El PI controlará el estado anímico del RI y guiará la aproximación.
- El TIA controlará al perro y será el vínculo de unión entre el RI y el perro.

Podemos utilizar distintas estrategias para empezar a crear un vínculo entre ambos:

- Con el perro en posición de tumbado y quieto, jugar a lanzar la pelota entre el RI (con la ayuda del PI) y el perro (con la ayuda del TIA).
- El perro estará tumbado y quieto. Pondremos junto a él algún objeto que leguste al RI, para que se aproxime al perro a buscar el objeto.
- El RI y el PI tomarán los extremos de una correa de unos dos metros. El perro, junto con el TIA, esperará en un extremo alejado del salón. El PI y elRI cantarán canciones que relajen al RI y se aproximarán lentamente al perro. Finalmente, al llegar junto a él, el PI enganchará el mosquetón de la correa al collar del perro, mientras el RI continúa sosteniendo el otro extremo.-
- Caminito de pañuelos que llevan al perro. El perro estará sentado. El RI irá recogiendo pañuelos cada vez más próximos al perro y los colocará en el cuerpo del animal, solo o con la ayuda del TIA.
- Cepillado. Con el perro sentado en una silla, favorecer el cepillado manteniendo la distancia óptima para el RI.

COMANDOS PARA EL PERRO	MATERIAL
• Sentarse	• Correa de 2m de longitud
• Echarse	• Pelotas
• Permanecer quieto	• Aros
• Reptar por el suelo	• Pañuelos
	• Cepillo

		Objetivos
Área psicomotriz	Coordinación motora	
	Estimulación sensorial	• Practicar las habilidades de autocontrol
	Percepción espacio-temporal	• Resolución positiva de los conflictos
	Esquema corporal	• Expresión de emociones y sentimientos
Área cognitiva	Atención y concentración	• Comunicación verbal y no verbal
	Categorización	• Crear un vínculo afectivo
	Memoria	• Permitir relaciones mas estrechas
	Lenguaje y comunicación	• Favorecer un clima de grupo coordial
Área socio-afectiva	Presentación	
	Actividad	
	Despedida y relajación	
	Juegos de mesa	

LA CORREA COMO VÍNCULO (II)

Paseo pasivo del RI con cinturón de anclaje CTAC

Utilizaremos una correa de paseo larga y un cinturón de anclaje acolchado y con una argolla a la altura del ombligo del RI, para que quede unido al perro. Con este material facilitaremos la deambulación del RI, sin que sea necesario un contacto directo con el perro. Sin embargo, existirá una estimulación visual, pues se situará al perro frente al RI.

Antes de iniciar el ejercicio, se buscará acostumbrar paulatinamente al RI al uso del cinturón de anclaje. En ningún momento le permitiremos al RI colocarse o desabrocharse el cinturón, ya que esta tarea estará siempre a cargo del PI.

El RI, unido al perro por el cinturón, se limitará a seguir al perro a la velocidad que marque el paso del animal, la cual estará controlada por el TIA. El PI caminará al lado del RI y le podrá hacer notar la presencia del perro para que exista una focalización y una estimulación visual del RI durante el paseo.

Paseo activo con peto de autismo CTAC

Para ello utilizaremos el peto de autismo CTAC, que facilita que el RI se desplace al lado del perro.

El RI estará anclado al perro mediante una correa que va del peto del perro a la argolla lateral del cinturón del RI.

A diferencia del anterior ejercicio, el RI tendrá un papel activo durante el paseo, ya que dispondrá de un asa en el peto para poder agarrar al perro.

Es importante para afianzar el paseo y la seguridad que el RI:

– Se acostumbre a agarrar en todo momento el asa del peto de autismo.
– Permanezca al lado del perro durante el paseo.
– No se desabroche del sistema de anclaje al perro (cinturón y correa).

COMANDOS PARA EL PERRO	MATERIAL
• Estirar	• Cinturón con argolla central y correa de dos metros
• Caminar al lado	
• Permanecer quieto	• Cinturón con argolla lateral y correa de un metro

	Coordinación motora	Objetivos
Área psicomotriz	Estimulación sensorial	• Ejercitar la motricidad gruesa
	Percepción espacio-temporal	• Aprender y respetar las normas
	Esquema corporal	• Estimular la responsabilidad grupal
Área cognitiva	Atención y concentración	• Estimular la comunicación en el grupo
	Categorización	• Experimentar el placer del movimiento
	Memoria	• Experimentar la desinhibición
	Lenguaje y comunicación	• Expresión de emociones y sentimientos
Área socio-afectiva	Presentación	• Desarrollar la capacidad de automotivarse
	Actividad	• Crear un vínculo afectivo
	Despedida y relajación	
	Juegos de mesa	

LA CORREA COMO VÍNCULO (III)

Paseo activo con correa y elemento de transición

Algunas veces durante el paseo, el RI tiene dificultad en mantener la presión sobre el mango de la correa. En este caso, le podremos ayudar uniendo al mango de la corra un material ya conocido por él, como por ejemplo, aros, pañuelos o espuma. Al cabo de un tiempo, podremos forrar con un trozo de la propia textura de la correa el objeto de transición del RI.

Cuando el RI adquiera seguridad en el paseo junto al perro y al PI, podremos retirar esta ayuda del objeto. En esta etapa, cada vez que el RI suelte la correa, el PI deberá motivar y ayudar al RI para que la recoja de nuevo.

El TIA mantendrá el perro frente al RI y procurará que la correa esté bastante tensa como para estimular al RI a avanzar, pero no en exceso, para no causar que el RI se vea forzado a soltar la correa.

El RI pasea solo

Finalmente, el RI podrá pasear él solo al perro con una correa convencional. Podemos optar por iniciar la marcha con el perro situado en posición de 'junto', entre el TAA y el RI, mientras permanece unido por dos correas al RI y al TIA.

A medida que el RI se sienta seguro, el TIA le indicará que suelte su correa y que continúe él solo paseando al perro.

Es importante que el perro mantenga durante la marcha la posición de 'junto', al lado del RI y del TIA.

COMANDOS PARA EL PERRO

• Permanecer quieto
• Caminar al lado

MATERIAL

• Correas
• Objetos de transición del RI

	Coordinación motora	Objetivos
Área psicomotriz	Estimulación sensorial	• Ejercitar la motricidad gruesa
	Percepción espacio-temporal	• Ejercitar la percepción táctil
	Esquema corporal	• Favorecer el contol y dominio del cuerpo
Área cognitiva	Atención y concentración	• Adquirir o ejercitar la noción de espacio y dirección
	Categorización	• Prestar atención al movimiento del otro
	Memoria	• Favorecer las relaciones de afinidad
	Lenguaje y comunicación	• Experimentar el placer del movimiento
Área socio-afectiva	Presentación	• Ejercitar la coordinación oculo-motriz
	Actividad	
	Despedida y relajación	
	Juegos de mesa	

PASEAR EN GRUPO

El objetivo de la actividad es poder realizar un paseo con el perro de terapia aunque el número de participantes sea mayor al número de perros.

Ejercicio 1:

Podremos colocar al perro más de una correa, para que así varios RI puedan pasear al mismo perro. Las correas pueden ser de tamaños y de colores distintos, con el fin de introducir consignas durante el paseo, por ejemplo: "Agarre la correa larga y roja".

Existe la posibilidad de que los RI puedan entregar la correa a aquellos participantes que se hayan quedado sin poder pasear en el inicio.

Ejercicio 2

Con un solo perro y una correa muy larga podremos iniciar un paseo con varios RI al mismo tiempo. Colocaremos la correa en el collar del perro e invitaremos a los RI a que se agarren de la correa manteniendo cierta distancia unos de otros, o bien sujetándose en los puntos marcados por pañuelos, nudos, etc. El TIA sujetará la correa unos 20 cm por encima del collar del perro para evitar la presión de los RI sobre el cuello del animal.

Ejercicio 3

Pasar por el mango de la correa del perro un pañuelo. Le pediremos a dos RI que la sujeten de modo tal que puedan pasear al perro y que ninguno de los dos se quede sin uno de los extremos del pañuelo. Ambos participantes deberán colaborar para poder pasear al perro.

Ejercicio 4

Pasar por el mango de la correa un cierto número de aros a los que los RI deberán agarrarse siguiendo una consigna relacionada con los colores; por ejemplo lanzar el dado de colores para escoger uno u otro aro.

COMANDOS PARA EL PERRO	MATERIAL
• Estirar de una cuerda • Caminar al lado	• Correas de distintos colores y tamaños • Correa de mas de 2m • Aros • Pañuelos • Dado de colores

Área	Coordinación motora	Objetivos
Área psicomotriz	Estimulación sensorial	• Ejercitar la motricidad gruesa
	Percepción espacio-temporal	• Ejercitar la motricidad fina • Imitar los movimietos de control y de dominio del cuerpo
	Esquema corporal	• Prestar atención al movimiento del otro
Área cognitiva	Atención y concentración	
	Categorización	• Fomentar la socialización
	Memoria	• Estimular el contacto corporal • Aceptación de las normas de la interacción social
	Lenguaje y comunicación	• Fomentar la cooperación grupal
	Presentación	• Experimentar el placer por el movimiento
Área socio-afectiva	Actividad	
	Despedida y relajación	
	Juegos de mesa	

LATERALIDAD

El objetivo de la actividad es que el RI trabaje los conceptos de derecha e izquierda colocando aros en el cuerpo del perro.

Repartiremos por la sala seis aros (tres de color rojo, tres de color azul) y le pediremos al RI que tome un aro y lo coloque en una zona del cuerpo del perro, por ejemplo: los aros rojos en las patas izquierdas del perro, los aros azules en las patas derechas. Así el lado izquierdo el perro será rojo y el derecho azul. A continuación le pediremos al RI que coloque el aro rojo que queda en su pierna izquierda y el azul, en la derecha.

Variantes:

− Dado interactivo de las partes del cuerpo; lateralidad. El RI lanzará el dado y deberá colocar un adhesivo de color rojo o azul en la parte del cuerpo del perro que haya salido en la cara superior del dado, según el TP le indique 'derecha' o 'izquierda'.

− Serie de habilidades. El PI realizará una serie de tarjetas utilizando alguna de estas habilidades: la pata derecha; la pata izquierda; target izquierdo; target derecho; twist derecho; twist izquierdo.

− El RI deberá llegar a la meta siguiendo las consignas de derecha e izquierda que indique el PI. Utilizará para este fin el comando 'target': extender la mano correcta para que el perro se la toque con el hocico o la orden del 'puente': el perro pasará por debajo de una u otra pierna. Si la elección de la mano o la pierna es la correcta, el perro tocará o pasará y así el RI podrá avanzar hacia la meta.

COMANDOS PARA EL PERRO	MATERIAL
• Permanecer de pie • Permanecer quieto • Tocar con la pata o con el hocico • Dar la pata derecha o izquierda • Twist a la derecha o a la izquierda	• Aros de colores • Pegatinas de colores • CTAC dado interactivo

Área psicomotriz	Coordinación motora	Objetivos
	Estimulación sensorial	• Desarrollar el esquema corporal
	Percepción espacio-temporal	• Adquirir o ejercitar la noción del eje de simetría
	Esquema corporal	• Codificación y descodificación de símbolos
Área cognitiva	Atención y concentración	• Mejorar la expresión y comprensión del lenguaje
	Categorización	• Trabajar los conceptos de lateralidad
	Memoria	
	Lenguaje y comunicación	
Área socio-afectiva	Presentación	
	Actividad	
	Despedida y relajación	
	Juegos de mesa	

TRACCIÓN

El objetivo de la actividad es que el RI ejercite su fuerza de tracción junto al perro. Para ello, existen distintos ejercicios y de lo más variados.

Ejercicio 1: Colocaremos al perro sobre de una superficie rodante, unido al RI por una cuerda. El RI deberá tirar de la cuerda para pasear al perro de un punto al otro de la sala mientras camina hacia atrás.

Ejercicio 2: Invitar al RI a que juegue con el perro con un juguete. El perro tirará hacia un lado utilizando su boca y el RI, hacia el otro, utilizando sus manos.

Ejercicio 3: Con el perro tumbado de lado, colocaremos pañuelos de colores o una cuerda plana por debajo de su pecho. El RI deberá tirar de un pañuelo para poder recuperarlo y colocárselo al perro, mientras el PI sujetará con más o menos fuerza el otro extremo del pañuelo para ejercer una resistencia al RI. Si se utiliza la cuerda, se puede atar en el extremo una lámina que el RI deberá describir o nombrar.

Ejercicio 4: Pasear al perro que tira de la correa. Invitaremos a pasear al RI con un perro, pero dejaremos que este tire de la correa, supuestamente sin control. El RI ejercerá la fuerza de tracción necesaria para recuperar el control del paseo. En todo momento será el TIA quién controlará la fuerza del perro, siguiendo las indicaciones del PI.

Ejercicio 5: Para trabajar la elongación y la apertura externa del miembro superior. El RI estará posicionado en bipedestación y quieto al lado del PI.   Le entregaremos la correa del perro para que la sujete fuertemente mientras este dibuja semicírculos de mayor o menor apertura desde la línea media del RI hacia el exterior.

Ejercicio 6: Torre de manos y patas. El RI y el perro se sentarán en una silla y les invitaremos a colocar sus manos y patas alternándolas una encima de la otra. El TIA ayudará al perro para continuar, por turnos, colocando la pata que está más abajo de la torre, arriba de todo.

COMANDOS PARA EL PERRO	MATERIAL
• Target de dirección	• Carreta o superficie con ruedas
• Permanecer quieto	• Cuerda redonda
• Tirar y empujar	• Cuerda plana
• Atrás	• Pañuelos
• Echarse	• Cartas o láminas

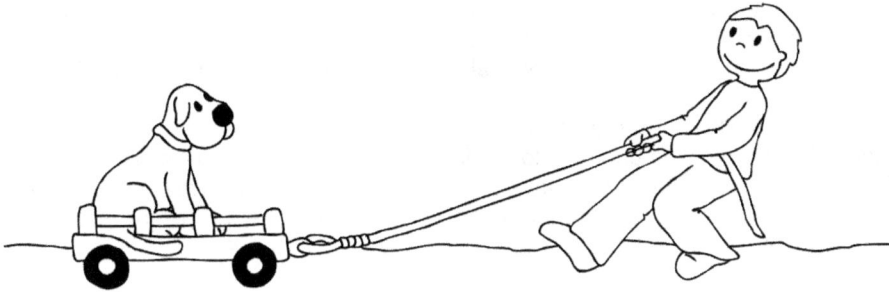

Área		Objetivos
Área psicomotriz	Coordinación motora	Objetivos
	Estimulación sensorial	• Ejercitar la motricidad gruesa
	Percepción espacio-temporal	• Ejercitar la motricidad fina
	Esquema corporal	• Desarrollar y controlar la fuerza muscular
Área cognitiva	Atención y concentración	• Experimentar el placer por la sensación de logro
	Categorización	
	Memoria	
	Lenguaje y comunicación	
Área socio-afectiva	Presentación	
	Actividad	
	Despedida y relajación	
	Juegos de mesa	

TRABAJO DE RECIPIENTES

El objetivo de los siguientes ejercicios es trabajar la motricidad fina del RI para abrir o cerrar potes, rellenar objetos con pienso o darle de comer al perro.

Ejercicio 1: Aprovecharemos los juguetes caninos de la marca Kong® e invitaremos al RI a que los rellene para entregárselos al perro al finalizar la sesión. Gracias a las distintas formas de estos juguetes y a la variedad de materiales con que se pueden rellenar, la actividad presentará una mayor o menor dificultad.

Ejercicio 2: Trabajaremos con barriles infantiles apilables de colores pues son fáciles para abrir y cerrar. Además, pueden utilizarse como plato para que coma el perro. Colocaremos los cubiletes cerrados y algunos de ellos, llenos de comida. El RI deberá agarrar uno a uno, sacudirlo para oír el ruido que hacen y así descubrir si contienen comida. En este caso, el RI abrirá el barril y entregará la comida al perro.

Ejercicio 3: Dispondremos de una cierta cantidad de potes con distintos tipos cierre. Dentro de cada uno de ellos, colocaremos objetos atractivos para que el RI interactúe con el perro: una pelota, premios, un cepillo, una correa. También, una orden para que el RI la ejecute; por ejemplo: "tócale la cabeza al perro" o para que le pida al perro: "siéntate".

Ejercicio 4: Dar de comer al perro con una cuchara o una pinza. El perro estará frente al RI, en posición de sentado o echado. Invitaremos al RI a darle de comer con la cuchara o con una pinza de tender la ropa. En este último caso deberá ayudarse con ambas manos para sujetar el premio con la pinza.

COMANDOS PARA EL PERRO	MATERIAL
• Permanecer quieto	• Barriletes de colores
• Echarse	• Potes
• Premio	• Premios
• Habilidades varias	• Pelotas
	• Láminas de habilidades
	• Cucharas de plástico
	• Pinzas

	Coordinación motora	Objetivos
Área psicomotriz	Estimulación sensorial	• Ejercitar la motricidad fina
	Percepción espacio-temporal	• Ejercitar la percepción táctil • Ejercitar la percepción olfativa
	Esquema corporal	• Desarrollar y control de la fuerza muscular
Área cognitiva	Atención y concentración	• Prestar atención a las órdenes
	Categorización	• Practicar la escucha activa
	Memoria	• Trabajar la tolerancia a la fustración
	Lenguaje y comunicación	• Ejercitar la coordinación óculo-manual
Área socio-afectiva	Presentación	
	Actividad	
	Despedida y relajación	
	Juegos de mesa	

EXPRESIÓN DE SENTIMIENTOS

El objetivo de esta actividad es que el RI exprese y verbalice sus sentimientos.

Le mostraremos unas láminas al perro y el RI le explicará lo que representa. El perro escuchará atentamente el relato y, posteriormente, expresará su estado anímico por medio de vocalizaciones (ladrará, aullará, gemirá...) o mediante algunas habilidades gestuales que expresen timidez (escondiendo su ojos detrás de una pata), sumisión (echado en el suelo boca arriba), miedo (reverencia con la cabeza tocando al suelo), alegría (girando sobre sí mismo), etc.

Posteriormente, el PI le explicará una historia al RI y este deberá explicarle al perro cómo supuestamente se sentiría en esa situación. A continuación, lo deberá expresar en forma verbal: risas, gritos, llanto .. y gestualmente: cruzándose de brazos, levantando los brazos, tapándose la cara... El perro prestará atención y luego intentará imitar sus expresiones lo más fielmente posible.

Nuestra silueta

Con el fin de que el RI exprese sus sentimientos, dejaremos dos hojas de papel dispuestas en el suelo: una en forma vertical y la otra en forma horizontal.

Propondremos al RI dibujar la silueta del perro en una y la suya propia en la otra. Primero, colocaremos al perro tumbado sobre el papel mientras el RI recorre su silueta con un lápiz o fibra. Luego, la decorará y escribirá aquellas cosas que sienta con respecto al perro, a las sesiones o sobre los sentimientos del perro.

A continuación, le pediremos que se tumbe sobre el papel vertical y colocaremos al perro junto a él. El PI contorneará ambas siluetas, el RI decorará el dibujo y con ayuda del PI expresará lo que más le gusta de sí mismo, de su cuerpo, de su manera de ser, de sus aficiones, de su relación con el perro, etc. y el PI lo escribirá sobre la lámina.

COMANDOS PARA EL PERRO	MATERIAL
• Dar un beso	• Láminas
• No!	• Tiza o rotuladores
• Barriguita	
• Esconderse	
• Pedir	
• Reptar por el suelo	
• Atrás	
• Twist	
• Cubrirse los ojos	
• Ladrar	

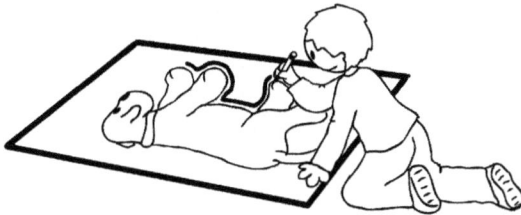

Área psicomotriz	Coordinación motora	Objetivos
	Estimulación sensorial	• Ejercitar el control del aparato bucal y facial
	Percepción espacio-temporal	• Control de la mímica facila y del tono de voz
	Esquema corporal	• Imitar, escuchar y responder
Área cognitiva	Atención y concentración	• Expresar sentimientos de alegía, de enfdo o timidez
	Categorización	• Expresar sentimientos própios
	Memoria	
	Lenguaje y comunicación	
Área socio-afectiva	Presentación	
	Actividad	
	Despedida y relajación	
	Juegos de mesa	

Ejercicios habilidades sociales

Habilidades sociales

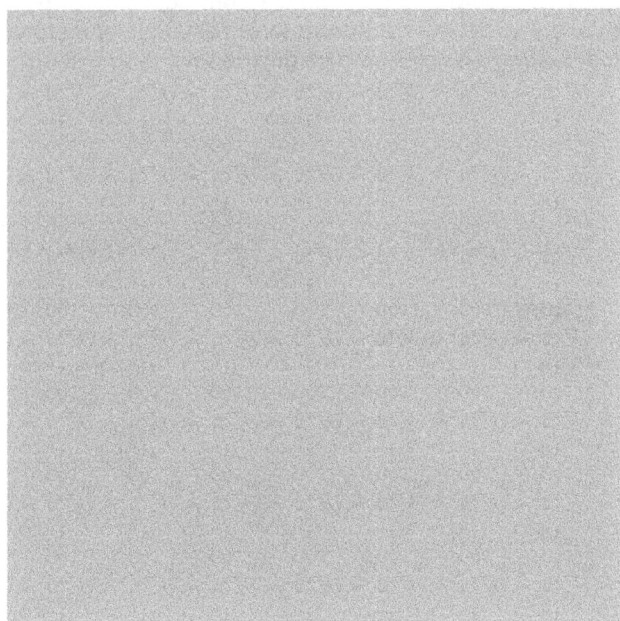

CONTROL DE CALIDAD

El objetivo del juego es que los RI se mantengan unidos y quietos.

Presentaremos este juego explicando y mostrándoles los materiales con los que se pueden hacer estatuas.

Los RI nombrarán un tipo de material y el perro lo traerá, con la boca o con un cesto, para que ellos lo toquen y comparen sus cualidades con las de los otros materiales.

A continuación, les comentaremos que, esta vez, las estatuas las haremos con su ayuda. Los agruparemos en parejas para que puedan crear una estatua más elaborada.

Podemos ayudarlos a escoger el tema con indicaciones posturales, guiando su cuerpo en una dirección u otra, o verbalmente, aportando ideas, por ejemplo: ¿cómo sería la estatua de dos amigos que se reencuentran?, ¿cómo sería la estatua de un futbolista a punto de marcar un gol?, ¿la estatua de un tren, de un caballo...?

Una vez finalizada la composición de la estatua, el perro pasará por todos los huecos para comprobar la rigidez de la escultura. Si lo logra sin que se rompa o se mueva la figura, la prueba se considerará superada y le podrán dar un premio al perro.

Pediremos a los participantes que describan las estatuas que han realizado los compañeros.

Para finalizar la actividad, todo el grupo se reunirá en círculo, agarrados de los hombros, como en una melé o scrum de rugby. El perro estará en el medio del círculo y se deberá evitar que salga hasta que el terapeuta dé la orden. Entonces, todos abrirán las piernas para dejarlo salir.

COMANDOS PARA EL PERRO	MATERIAL
• Target de dirección	• Esquemas de posiciones
• Permanecer quieto	• Mármol
• Venir	• Madera
	• Barro
	• Yeso
	• Silla

		Objetivos
Área psicomotriz	Coordinación motora	
	Estimulación sensorial	• Ejercitar la percepción táctil
	Percepción espacio-temporal	• Ejercitar la orientación espacial
		• Ejercitar el equilibrio
	Esquema corporal	• Desarrollar y controllar la fureza muscular
Área cognitiva	Atención y concentración	• Control de los movimientos
	Categorización	• Adquirir o ejercitar la capacidad de simbolización
	Memoria	• Adquirir o ejercitar la capacidad de concentración
	Lenguaje y comunicación	• Mejorar la comprensión oral
Área socio-afectiva	Presentación	• Estimular la imaginación
		• Estimular el trabajo en equipo
	Actividad	• Favorecer la confianza en los demás
	Despedida y relajación	
	Juegos de mesa	

EL CUENTO DE LAS EMOCIONES

El objetivo es que el RI represente las emociones descritas en un cuento.

El PI escribirá una historia de la vida del perro de terapia, con un gran contenido emocional.

Sentado al lado del perro, el PI leerá el cuento y el RI deberá representar las emociones descritas en el cuento, con la ayuda del perro.

Se trabajarán los sentimientos, por ejemplo: la alegría, la tristeza, la vergüenza, la duda, el enfado; y algunas acciones como: reír, abrazar, saltar, acariciar...

Variante:

- Le daremos al RI un mapa de una "Ciudad de las emociones". Marcaremos con tiza en el suelo un trazado similar al del mapa. El RI seguirá la dirección de las flechas y deberá recorrer la ciudad, junto con el perro. En cada calle deberá representar lo que su nombre indica: "Calle de los abrazos", "Calle de la tristeza", "Calle del canto", etc.

COMANDOS PARA EL PERRO	MATERIAL

• Habilidades de emociones:
    Esconderse
    Saltar
    Dar un beso
• Tumbarse
• Permanecer quieto
	• Cuento para trabajar las emociones
	• Mapa de la zona

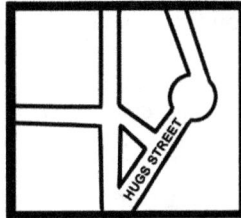

	Coordinación motora	Objetivos
Área psicomotriz	Estimulación sensorial	• Adquirir o ejercitar la capacidad de simbolización
	Percepción espacio-temporal	• Mejorar la comprensión oral
	Esquema corporal	• Estimular la crestividad del pensamiento divergente
Área cognitiva	Atención y concentración	• Estimular la imaginación
	Categorización	• Estimular la escucha activa
	Memoria	
	Lenguaje y comunicación	
Área socio-afectiva	Presentación	
	Actividad	
	Despedida y relajación	
	Juegos de mesa	

El objetivo del juego es que los RI disfruten de un aplauso de parte de sus compañeros.

Los RI estarán sentados en semicírculo en el aula, a la espera de que llegue el PI junto con el perro.

Cuando estos entren por la puerta, se ubicarán frente a todos y recibirán un fuerte aplauso, al que ambos responderán con una reverencia.

A continuación, por turnos, un RI sujetará al perro, saldrá del aula y volverá a entrar. Los compañeros los recibirán con un aplauso afectuoso, al que el RI responderá de la manera que considere oportuna.

Luego, entregará al perro a otro de sus compañeros y este repetirá la actividad.

Variante:

-Introduciremos el saludo entre ambos compañeros en el momento de entregar el perro.

COMANDOS PARA EL PERRO   MATERIAL

• Caminar en junto   • Premios
• Sentarse

Área psicomotriz	Coordinación motora	Objetivos
	Estimulación sensorial	• Desarrollar la interacción social
	Percepción espacio-temporal	• Estimular la socialización
	Esquema corporal	• Facilitar el seguimiento de las normas sociales
Área cognitiva	Atención y concentración	• Favorecer la presentación inicial
	Categorización	• Crear un clima acojedor y relajante
	Memoria	• Experimentar el placer de reír
	Lenguaje y comunicación	• Favorecer una dinámica grupal positiva
Área socio-afectiva	Presentación	
	Actividad	
	Despedida y relajación	
	Juegos de mesa	

SALUDOS RITUALES

El objetivo del juego es favorecer que los compañeros del grupo se relacionen correctamente entre ellos durante el saludo.

Si fuese posible, cada uno de los RI dispondrá de un perro de terapia al que paseará en posición de "junto".

Pediremos que se desplacen por la sala y, cada vez que el perro se siente, los RI deberán saludarse de distintas maneras con sus compañeros: apretón de manos, chocar los cinco, abrazo, palmada, saludo a lo indio, un beso, una inclinación de cabeza, juntando las manos, con el dedo pulgar levantado, etc. Cuando el perro se vuelva a levantar, se pondrán en marcha y recorrerán la sala hasta que el perro se siente de nuevo.

En el caso en que haya más de un perro, el PI deberá indicar a distancia a los perros que se sienten a la orden.

Variantes:

— Si no disponemos de tantos perros, formaremos dos grupos: uno grupo llevará perro y el otro no. Cuando un perro se siente, los compañeros se deberán buscar y saludar, pero habrán de cumplir con la consigna de que uno de ellos deberá llevar un perro y el otro, no. Luego del saludo, el perro será entregado al compañero que no llevaba ninguno.

— Si sólo tenemos un perro, haremos un gran círculo. El PI dirá al grupo: "Que salga quien tiene -por ejemplo- gafas de color azul". El RI saldrá, se saludará con el PI y este le entregará el perro, así pasarán todos los participantes, hasta finalizar la ronda.

— El saludo ritual se puede generalizar con una pequeña conversación social.

COMANDOS PARA EL PERRO	MATERIAL
• Permanecer quieto • Sentarse • Echarse	• Premios • Ruleta de saludos rituales

	Coordinación motora	Objetivos
Área psicomotriz	Estimulación sensorial	• Adquirir o ejercitar la capacidad de concentración
	Percepción espacio-temporal	• Desarrollar el sentido de la observación
	Esquema corporal	• Estimular la interacción grupal y la comunicación
Área cognitiva	Atención y concentración	
	Categorización	• Estimular la escucha activa
	Memoria	• Garantizar la simetría del grupo, dando a todos el mismo tiempo
	Lenguaje y comunicación	• Aprender a escuchar
Área socio-afectiva	Presentación	
	Actividad	
	Despedida y relajación	
	Juegos de mesa	

¿DETRÁS DE QUIÉN ESTÁ?

El objetivo es que los RI adivinen a quién de todos ellos el perro le ha dejado un premio.

Cada uno de los RI construirá una maraca, llenando una botella con distintos materiales más o menos gruesos.

El PI empezará la actividad moviendo su maraca, mientras los RI se tapan los ojos. El PI dará vueltas, junto con el perro, alrededor de los participantes y, discretamente, dejará un pote con premios detrás de uno de ellos.

Cuando el sonido se detenga, los RI deberán girarse y ver quién de ellos tiene el pote con premios.

Para entregar el premio al perro, el participante elegido le pedirá que realice una habilidad. Luego tomará su maraca y la hará a sonar, mientras el PI da vueltas con el perro y se inicia otra vez el juego.

Al finalizar la ronda, podemos preguntar a cada uno de ellos qué habilidad le ha pedido al perro o cuál escogió uno de sus compañeros.

Variantes:

- Por turnos, cada RI hará sonar su maraca, mientras el perro da vueltas alrededor de ellos. Cuando el RI deje de tocar la maraca, el perro ladrará detrás de uno de los participantes. El resto deberá adivinar detrás de quién ladró. A continuación, el RI elegido por el perro tocará la maraca.

- Repartir los materiales sobre una bandeja. Los RI deben llenar sus maracas discriminando unos materiales de los otros, según las consignas.

COMANDOS PARA EL PERRO	MATERIAL
• Sentarse	• Botellas opacas
• Ladrar	• Arroz
• Premios a la orden	• Piedras
• Habilidades varias	• Pasta
	• Arena
	• Láminas de habilidades
	• Dado de habilidades

Área psicomotriz	Coordinación motora	**Objetivos**
	Estimulación sensorial	• Ejercitar la motricidad fina
	Percepción espacio-temporal	• Ejercitar la percepción auditiva • Estimular la socialización
	Esquema corporal	• Estimular la interacción y la comunicación grupal
Área cognitiva	Atención y concentración	• Aceptar las normas sociales
	Categorización	• Experimentar el placer por la sensación de logro
	Memoria	• Experimentar el placer por adivinar
	Lenguaje y comunicación	
Área socio-afectiva	Presentación	
	Actividad	
	Despedida y relajación	
	Juegos de mesa	

BUSCAR LA PELOTA

El objetivo del juego es que el perro encuentre la pelota escondida y nos indique dónde se encuentra, tocando con su hocico o con su pata.

Los RI se sentarán formando un círculo y se pasarán la pelota, diciendo el nombre del compañero a quien se la pasan o cumpliendo alguna otra consigna sugerida por el PI. En el momento que el PI golpee sus manos, quien tenga la pelota deberá esconderla en su cuerpo. Entonces el PI le dará la orden al perro de buscar la pelota entre los RI. Este olfateará a cada uno de los RI y se sentará frente al que tenga escondida la pelota.

Este juego lo podemos combinar con otro juego: "Los puños de los superhéroes". Los RI se pasarán la pelota y, en el momento en que el PI lo indique, todos los participantes deberán extender los puños hacia el centro del círculo. Entonces, el perro olfateará los puños y se detendrá delante del que contenga la pelota.

Para terminar, los RI reducirán el círculo hasta que lleguen a tocarse las rodillas entre ellos, para poder pasarse, de mano en mano, un perro de tamaño pequeño. Se despedirán de él expresándole su cariño con palabras afectuosas.

Variante:

- Dispondremos de tres potes iguales o distintos. Esconderemos una pelota debajo de uno de ellos. El RI deberá adivinar bajo cuál de ellos se encuentra, con o sin ayuda del perro.

COMANDOS PARA EL PERRO

- Sentarse
- Permanecer quieto
- Echarse
- Tocar con la pata o el hocico

MATERIAL

- Pelota pequeña
- Potes

		Objetivos
Área psicomotriz	Coordinación motora	
	Estimulación sensorial	• Ejercitar la motricidad fina
	Percepción espacio-temporal	• Aprender los nombres de los compañeros
	Esquema corporal	• Ejercitar la coordinación óculo-manual
Área cognitiva	Atención y concentración	• Ejercitar la percepción visual
	Categorización	• Desarrollar el lenguaje
	Memoria	• Desarrollar la interacción social
	Lenguaje y comunicación	• Aprender y respetar las normas
Área socio-afectiva	Presentación	
	Actividad	
	Despedida y relajación	
	Juegos de mesa	

LA VIDA DE CUCA

El objetivo del juego es que el RI escuche atentamente una narración y, luego, responda a una serie de preguntas.

Inventaremos la historia de la vida del perro de terapia con el que trabajan en el centro y con el que mantienen un estrecho vínculo afectivo. Esta narración deberá contener tanto detalles generales como concretos, según las capacidades del grupo.

El perro se sentará junto al RI para favorecer el contacto entre ambos. El PI leerá la narración, también puede leerla el RI.

Una vez finalizada la lectura, el perro le acercará unos tarjetones, que llevará con su boca en una cesta. Los tarjetones contendrán algunas preguntas sobre el relato de la vida del perro que el RI deberá contestar correctamente.

Si la respuesta es correcta, el perro realizará una habilidad gratificante para el RI. Si no, el perro se mantendrá quieto y podrá hacer una determinada habilidad de negación.

Variantes:

- Las preguntas pueden estar escondidas en un circuito de psico- motricidad que el RI recorrerá después de la lectura.

COMANDOS PARA EL PERRO	MATERIAL
• Echarse	• Un cuento
• Permanecer quieto	• Targetones con preguntas
• Coger el objeto	• Cesto
• Llevar un objeto	
• Negación	
• Habilidades gratificantes	

Área psicomotriz	Coordinación motora	Objetivos
	Estimulación sensorial	• Mejorar la comprensión oral
	Percepción espacio-temporal	• Desarrollar el lenguaje: comprensión y expresión
	Esquema corporal	• Favorecer la lectura
Área cognitiva	Atención y concentración	• Estimular la escucha activa
	Categorización	• Trabajar la memoria a corto plazo
	Memoria	• Trabajar la memoria a largo plazo
	Lenguaje y comunicación	
Área socio-afectiva	Presentación	
	Actividad	
	Despedida y relajación	
	Juegos de mesa	

PRESENTACIÓN EN GRUPO

El objetivo de la actividad es facilitar las presentaciones iniciales y el primer contacto con el perro.

Todos los participantes tomarán asiento formando un círculo. El PI se presentará al grupo diciendo su nombre, el del perro y brindará alguna información importante, simpática o banal. Luego, los RI dirán su nombre al perro y éste les responderá haciendo un saludo o una habilidad.

El PI acercará el perro al RI para que pueda tocar con tranquilidad su lomo, de forma que no tenga el rostro del perro cerca del suyo. Si el RI se siente relajado y tolera la proximidad del perro, este se sentará o echará frente al RI para que le dé un premio.

El PI regulará el tiempo dedicado a cada uno de los participantes, con el fin de que esté uniformemente repartido. Para lograrlo, hará que el perro esté quieto o se desplace.

Variantes:

-Por turnos, los RI se ubicarán frente al grupo y junto con el perro se presentarán a sus compañeros, dirá su nombre y explicarán si tienen o tuvieron mascotas. El grupo deberá estar atento, ya que los turnos para pasar al frente podrán seguir un orden o se darán a quienes respondan una pregunta relacionada con lo que han dicho sus compañeros. Luego, el RI premiará al perro y se lo entregará al compañero siguiente.

-Los RI se sentarán alrededor de una mesa, con un premio en la mano. El perro estará sobre la mesa, a la espera de que uno de los participantes le dé el premio. Los RI dirán por turnos el nombre del compañero a su derecha hasta que el PI palmee sus manos. Entonces, aquel cuyo nombre acaban de decir, le dará el premio al perro.

COMANDOS PARA EL PERRO	MATERIAL
• Sentarse	• Premios
• Echarse	
• Premio	
• Target de dirección	

Área psicomotriz	Coordinación motora	Objetivos
	Estimulación sensorial	• Adquirir o ejercitar la concentración
	Percepción espacio-temporal	• Desarrollar el sentido de la observación
	Esquema corporal	• Estimular la interacción y comunicación grupal
Área cognitiva	Atención y concentración	• Estimular la escucha activa
	Categorización	• Garantizar la simetría del grupo
	Memoria	• Favorecer la escucha activa
	Lenguaje y comunicación	
Área socio-afectiva	Presentación	
	Actividad	
	Despedida y relajación	
	Juegos de mesa	

BUSCA EL PREMIO

El objetivo del juego es que el perro descubra quién, entre todos los participantes de la sesión, ha escondido un premio en sus bolsillos.

Sentados en círculo, los RI le explicarán al perro que uno de ellos esconderá un premio en el bolsillo y que él deberá adivinar de quién se trata.

Para ello, el perro y el PI saldrán del aula para no mirar; el terapeuta se quedará con los RI, sentados en el suelo.

Uno de ellos se esconderá el premio en un bolsillo. Cuando el perro entre de nuevo en la ronda, luego de olfatear y mirar detenidamente a los participantes,se acercará a la persona que oculta el premio y colocará la cabeza encima de su pierna, esperando tranquilamente que éste se lo entregue.

Para que esto sea posible, el terapeuta indicará al PI cuál de los RI lo esconde, por medio de una señal previamente acordada.

Variante:

– Dejaremos al perro tumbado en el centro de la ronda y el PI saldrá de la sala. Uno de los RI le colocará un pañuelo al perro y se volverá a sentar a su lugar. El PI deberá adivinar quién le ha colocado el pañuelo.

COMANDOS PARA EL PERRO	MATERIAL
• Sentarse	• Premios
• Echarse	• Pañuelo
• Permanecer quieto	
• Buscar	
• Echarse	
• Premio a la orden	

Área psicomotriz	Coordinación motora	Objetivos
	Estimulación sensorial	• Tolerar la proximidad del perro
	Percepción espacio-temporal	• Estimular la confianza en los demás
	Esquema corporal	• Estimular la capacidad de sorprenserse
Área cognitiva	Atención y concentración	• Respetar el tiempo de espera
	Categorización	• Aceptar las normas de la interacción social
	Memoria	
	Lenguaje y comunicación	
Área socio-afectiva	Presentación	
	Actividad	
	Despedida y relajación	
	Juegos de mesa	

LA CAJA DE PREMIOS

El objetivo es que los RI perciban la interrupción de la música mientras están realizando una actividad.

Los jugadores, sentados en círculo alrededor del perro, se pasarán un pote de premios mientras suena la música.

En el momento en que esta se interrumpa, quien tenga el pote con los premios deberá abrirlo y sacar tantos como le indique el terapeuta.

Antes de darle el premio al perro podrá interactuar con él.

Variante:

− Los RI se pasarán potes preparados con esencias aromáticas. Cuando la música se detenga, el que tenga el pote intentará identificar el olor (si fuera necesario, se podrían colocar dentro del pote los elementos que emanan naturalmente los aromas, para facilitar la respuesta). Una vez que el RI nombre el objeto al que corresponde ese olor, el perro le traerá dicho objeto y el niño se lo cambiará por un premio.

COMANDOS PARA EL PERRO	MATERIAL
• Habilidades varias	• Potes opacos
• Coger el objeto	• Potes con aromas
• Llevar un objeto	• Elementos musicales
• Soltar el objeto	• Dado de habilidades

	Coordinación motora	Objetivos
Área psicomotriz	Estimulación sensorial	• Ejercitar la precepción olfativa
	Percepción espacio-temporal	• Ejercitar la percepción auditiva • Ejercitar el sentido del ritmo
	Esquema corporal	• Adquirir o ejercitar la capacidad de concentración
Área cognitiva	Atención y concentración	• Reconocer los objetos
	Categorización	• Enriquecer el vocabulario
	Memoria	• Estimular la interacción y la comunicación grupal
	Lenguaje y comunicación	• Experimentar el placer de adivinar
Área socio-afectiva	Presentación	
	Actividad	
	Despedida y relajación	
	Juegos de mesa	

EL NOMBRE DE MIS AMIGOS

El objetivo del juego es que los RI recuerden el nombre de sus compañeros de actividad.

Los participantes harán un círculo, en cuyo centro se situará el PI junto con el perro e iniciará las presentaciones. A continuación, se acercará a uno de los RI sentados en la ronda y éste deberá decir su nombre y el de los compañeros sentados a su derecha y a su izquierda.

Si lo hace correctamente, se dirigirá al centro de la ronda y pasará unos minutos con el perro, lo acariciará, le colocará un pañuelo....

Luego, se dirigirá hacia otro de los RI quien deberá decir su nombre y el nombre de los participantes que tiene a ambos lados.

Variantes:

— El RI deberá recordar el nombre de los distintos perros que participen en la sesión. Lanzará el dado y, según el color que haya salido, deberá decir el nombre del perro que lleva el pañuelo de ese color. Si lo dice correctamente, podrá iniciar la actividad con él.

— El PI puede enseñar un árbol genealógico del perro de terapia y mostrárselo a los RI con el fin de que juntos repasen y realicen el propio. El perro los ayudará acercando las fotos de los familiares para que ellos digan los nombres.

— Recordar los nombres de los compañeros de clase. El perro le traerá las fotos y el RI deberá decir los nombres.

COMANDOS PARA EL PERRO	MATERIAL
• Sentarse	• Premios
• Permanecer quieto	• Dado de colores
• Caminar al lado	• Pañuelos
• Premios a la orden	
• Habilidades varias	

Área		Objetivos
Área psicomotriz	Coordinación motora	
	Estimulación sensorial	• Desarrollar la interacción social
	Percepción espacio-temporal	• Estimular la dinámica grupal • Favorecer la presentación
	Esquema corporal	• Estimular la escucha activa
Área cognitiva	Atención y concentración	• Aprender a escuchar y responder
	Categorización	• Estimular la comunicación
	Memoria	
	Lenguaje y comunicación	
Área socio-afectiva	Presentación	
	Actividad	
	Despedida y relajación	
	Juegos de mesa	

EL TELÉFONO PERRUNO

El objetivo del juego es que el RI efectúe una orden del PI que el grupo se ha transmitido al oído, de uno a otro.

El grupo se dispondrá formando un semicírculo; el PI colocará a un perro en el centro. A continuación, el perro se acercará al primer participante y le dirá una frase al oído, por medio de la interpretación del PI. También puede mostrar una lámina o una frase escrita con una acción por realizar.

El mensaje se transmitirá en secreto, al oído del siguiente participante o gestualmente, imitando la acción que ha indicado el PI ("tócale la nariz", "abraza", "sopla").

Finalmente, cuando el PI dé una palmada, el RI que en aquel momento reciba el mensaje, deberá ir hacia el perro que está sentado en el centro y realizar la acción correspondiente.

Variante:

- El PI se situará al lado del perro en el centro del semicírculo e indicará a los RI qué acción dice el perro que deben hacer todos al mismo tiempo, a ellos mismos o al compañero de al lado.

- Por turnos, los componentes del grupo manifestarán una acción para realizar con el perro. Luego, se levantarán y harán lo que habían expresado previamente.

COMANDOS PARA EL PERRO	MATERIAL
• Tocar con la pata o el hocico • Permanecer quieto • Sentarse • Echarse • Dar un objeto	• Cartas de acciones • Frases de acciones

	Coordinación motora	Objetivos
Área psicomotriz	Estimulación sensorial	• Desarrollar el esquema corporal
	Percepción espacio-temporal	• Prestar atención a las consignas
	Esquema corporal	• Prestar atención al movimiento de los demás
Área cognitiva	Atención y concentración	• Adquirir o ejercitar la capacidad de imitación
	Categorización	• Desarrollar o evaluar la memoria a corto plazo
	Memoria	• Desarrollar la interacción social
	Lenguaje y comunicación	• Estimular la socialización
Área socio-afectiva	Presentación	• Estimular el contacto corporal
	Actividad	
	Despedida y relajación	
	Juegos de mesa	

NUESTRAS EMOCIONES

El objetivo del juego es comparar las emociones de RI con las del perro y representarlas.

El PI planteará preguntas. ¿Cómo nos sentimos frente a ciertas situaciones? ¿Cómo lo manifestamos con nuestro cuerpo y con nuestro rostro?

Propondremos distintas situaciones y pediremos al RI que intente representar la emoción que siente frente a determinada situación. Paralelamente, mostraremos fotografías o dibujos del perro en las que se pueda observar la actitud corporal del animal frente a determinados estímulos. Observaremos el lenguaje corporal del perro y comentaremos sobre los motivos por los que puede sentir esa emoción.

Luego, empezará el juego: el perro llevará al RI una de las láminas que muestran sus emociones; él deberá reconocerla y luego escoger una lámina entre las que grafican las emociones humanas que se corresponda con aquella y, a continuación, representarla.

Variante:

- El PI narrará una situación en la que esté implicado el perro. Por otro lado, colocaremos dentro de dos aros las láminas correspondientes a dos emociones perrunas opuestas. El perro se colocará dentro de uno de los aros y el RI deberá indicar si es la emoción relatada por el PI.

- Lo mismo podemos hacer con las emociones humanas. El PI relata una historia y el RI deberá situarse en el aro correspondiente a la emoción relatada. Y el perro ladrará si la elección es correcta.

COMANDOS PARA EL PERRO	MATERIAL
• Permanecer quieto	• Cartas de emociones perrunas
• Ladrar	• Cartas de emociones humanas
• Esconderse	• Aros
• Dar un beso	
• Cubrirse los ojos	
• Rechazo de comida	
• Andar hacia atrás	
• Reptar por el suelo	
• Echarse	

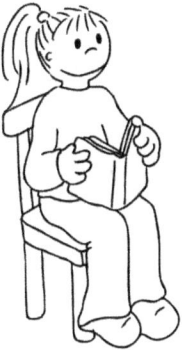

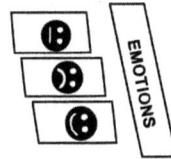

	Coordinación motora	Objetivos
Área psicomotriz	Estimulación sensorial	• Expresar sentimientos
	Percepción espacio-temporal	• Asociar y cooperar • Expresar las fantasías
	Esquema corporal	• Expresar rasgos de personalidad
Área cognitiva	Atención y concentración	• Experimentar la desinhibición • Explorar diferentes formas de
	Categorización	comunicación
	Memoria	
	Lenguaje y comunicación	
Área socio-afectiva	Presentación	
	Actividad	
	Despedida y relajación	
	Juegos de mesa	

EL RESPETO A LA DIVERSIDAD

El objetivo del juego es percatarse de que somos distintos los unos de los otros y fortalecer el respeto a la diversidad.

Situaremos a dos perros –o más– frente al RI o frente a un grupo. Luego de presentar a cada uno de los perros, los RI deberán nombrar las diferencias físicas entre los perros de terapia. A medida de que las nombren, el PI las escribirá sobre una pizarra en columnas bajo el nombre de cada uno de los perros.

Podemos trabajar estos mismos conceptos introduciendo otros juegos. Por ejemplo, por turnos, los perros llevarán a cada uno de los RI un cesto lleno de tarjetas. Estos tomarán una de las tarjetas y la colocarán en la cama del perro que se ajuste a la descripción de la tarjeta (o podrán sujetar la carta con pinzas en el pelaje). Otra opción es que el perro, mediante un target, toque una carta para que el RI la coloque sobre el perro correcto.

Posteriormente, podremos trabajar las diferencias físicas entre los RI. Cada RI se colocará al lado de un perro y dirá en voz alta una característica física propia. El PI la escribirá en la pizarra debajo de su nombre. También se puede utilizar la ayuda del perro de terapia: éste agarrará una carta de un cesto y todos aquellos que se identifiquen con la característica que la carta describe, se levantarán y se ubicarán al lado del perro.

La enseñanza es que todos tenemos diferentes características y debemos respetarnos tal como somos.

Variantes:

– Utilizaremos la misma dinámica con aspectos más personales: lo que nos hace felices y los que nos disgusta, nuestro carácter, nuestras aficiones, etc

COMANDOS PARA EL PERRO	MATERIAL
• Permanecer quieto	• Targetas de atributos físicos
• Llevar un objeto	• Targetas comparativas
• Permanecer de pie	• Pinzas
• Tocar con la pata o el hocico	• Cartulina
• Escojer una carta de la baraja	
• Target de dirección	

	Coordinación motora	Objetivos
Área psicomotriz	Estimulación sensorial	• Adquirir o ejercitar la capacidad de concentración y de observación
	Percepción espacio-temporal	• Adquirir o ejercitar la noción de coneptos básicos de tamaño
	Esquema corporal	• Reconocer las propiedades de los objetos
	Atención y concentración	
Área cognitiva	Categorización	• Establecer correspondencias entre objetos
	Memoria	• Desarrollar el lenguaje :expresión y comprensión
	Lenguaje y comunicación	• Estimular la escucha activa
	Presentación	• Experimentar el placer por la sensacion de logro
Área socio-afectiva	Actividad	
	Despedida y relajación	
	Juegos de mesa	

TRIVIAL PERRUNO

El objetivo del juego consiste en llegar a la meta de un tablero, contestando preguntas relacionadas con los perros.

El PI realizará un listado de diez preguntas para cada una de las categorías que estarán representadas por un color. Por ejemplo, las tarjetas azules corresponderán a preguntas sobre la alimentación del perro; las rojas, sobre anatomía; las verdes, sobre sus hábitos y las amarillas, sobre su bienestar y salud.

En el suelo dibujaremos una cuadricula de 4 columnas por 10 filas y al final de cada una de las columnas colocaremos la foto de una actividad o habilidad perruna que el RI le podrá pedir al perro al llegar a la meta.

Cada RI dispondrá de un hueso que, con ayuda del perro, deberá avanzar por los casilleros hasta llegar a la meta cuando responda correctamente a las preguntas que le alcance el perro.

El RI girará la ruleta o lanzará el dado de colores. El perro le acercará un cesto lleno de preguntas correspondientes a ese color. Si el RI contesta correctamente a la pregunta, el perro avanzará el hueso un casillero en la columna del mismo color que la tarjeta de pregunta, avanzando así su ficha por las sucesivas filas.

El RI continuará respondiendo a las preguntas que le traiga el perro hasta llegar a la última fila de alguna de las cuatro columnas: la meta. Allí, el perro le entregará el mismo número de premios como preguntas haya respondido y podrán realizar juntos la habilidad canina de la foto que figura en ese casillero.

Variante:

– Podemos abarcar distintas áreas utilizando preguntas diversas.

COMANDOS PARA EL PERRO	MATERIAL
• Sentarse	• 4 barajas de cartas temáticas
• Permanecer quieto	• Tiza
• Coger el objeto	• Targetas de habilidades caninas
• Llevar un objeto	• Dado o ruleta de colores

	Coordinación motora	Objetivos
Área psicomotriz	Estimulación sensorial	• Adquirir o ejercitar la capacidad de concentración
	Percepción espacio-temporal	• Mejorar la comprensión oral
	Esquema corporal	• Estimular la interacción y la comunicación grupal
Área cognitiva	Atención y concentración	• Aprender y respetar las normas
	Categorización	• Estimular la escucha activa
	Memoria	• Experimentar el placer por adivinar
	Lenguaje y comunicación	• Experimentar el placer por la sensación de logro
Área socio-afectiva	Presentación	
	Actividad	
	Despedida y relajación	
	Juegos de mesa	

SHERLOCK DOG

El objetivo de la actividad es que los RI adivinen cuál es el perro que se esconde dentro de una jaula de transporte.

Al empezar la sesión, el TIA explicará el funcionamiento del juego y presentará a sus perros de terapia. Describirá con precisión las características físicas de cada uno de ellos: pelaje, cola, peso, sexo, color, etc.

A continuación, el TIA esconderá uno de los perros dentro de la jaula de transporte mientras que los otros perros estarán fuera del aula. Los RI no deberán mirar, para poder participar del juego.

Luego, los RI formularán preguntas con la ayuda de algunas tarjetas o sin ellas, a las que el TIA solamente podrá responder sí o no. Cada vez que adivinen una característica, se repasarán las que ya han sidodeterminadas.

Cuando finalmente sepan de qué perro se trata, un RI abrirá la jaula de transporte y mimará al perro.

Variante:

– Adivinar las razas de los perros con láminas. Uno de nuestros perros tendrá en su boca, en un cesto o en los bolsillos de la manta CTAC una de las razas. Cada vez que mediante preguntas adivinen una raza, el RI podrá interactuar con el perro.

COMANDOS PARA EL PERRO	MATERIAL
• Echarse • Permanecer quieto	• Trasportín • Manta de terapia CTAC o cesto • Targetones con preguntas

		Objetivos
Área psicomotriz	Coordinación motora	
	Estimulación sensorial	• Adquirir o ejercitar la capacidad de concentración
	Percepción espacio-temporal	• Adquirir o ejercitar nociones de cantidad, números, colores, tamaños
	Esquema corporal	• Sintetizar las partes de un todo
Área cognitiva	Atención y concentración	• Desarrollar o evaluar la memoria a corto plazo
	Categorización	• Reconocer las propiedades de los objetos
	Memoria	• Codificación y descodificación de símbolos
	Lenguaje y comunicación	• Aprender los nombres de los perros
Área socio-afectiva	Presentación	• Desarrollar la interacción social
	Actividad	• Aprender y respetar las normas
	Despedida y relajación	
	Juegos de mesa	

UNA COMUNICACIÓN CORRECTA

El objetivo es que el RI trabaje un conjunto de habilidades con distintos perros de terapia.

Para esta sesión necesitamos dos o más perros de terapia, cada uno con su propio carácter y su nivel específico de entrenamiento y de habilidades.

El TIA realizará una pequeña introducción describiendo el carácter de cada uno de sus perros, destacando una de sus cualidades y uno de los puntos débiles de su personalidad. Luego, pedirá a los RI que digan una característica positiva de su propio carácter.

A continuación, dejaremos que los RI elijan de entre muchas cartas de habilidades, dos o tres, de acuerdo con el número de perros que haya en el salón. Las comentarán en voz alta y repasarán los comandos necesarios para pedírselas al perro, según el grado de entrenamiento y personalidad de cada uno de ellos. Los RI tendrán la posibilidad de negociar con sus compañeros o con el terapeuta para intercambiar alguna de las tarjetas.

El RI deberá elegir el orden en el que va a trabajar una determinada habilidad con los perros. Dejaremos que el RI elabore sus propias estrategias de comunicación con cada uno de los animales.

Finalmente, cuando haya finalizado de pedirle las habilidades a cada uno de los perros, el PI le realizará preguntas sobre el aprendizaje de los perros. ¿Quién crees que te ha entendido mejor? ¿Con cuál has trabajado más cómodamente y porqué? ¿Quién te prestaba más atención?, etc.

COMANDOS PARA EL PERRO	MATERIAL
• Permanecer quieto • Habilidades varias	• Targetas con habilidedes de distinto grado de dificultad

	Coordinación motora	Objetivos
Área psicomotriz	Estimulación sensorial	• Mejorar la capacidad de toma de decisiones
	Percepción espacio-temporal	• Aprender a planificar
	Esquema corporal	• Practicar las habilidades de autocontrol
Área cognitiva	Atención y concentración	• Desarrollar la capacidad de empatía
	Categorización	• Experimentar el placer por la sensación de logro
	Memoria	• Mejorar la expresion verbal
	Lenguaje y comunicación	• Explorar distintos lenguajes
Área socio-afectiva	Presentación	• Ejercitar la coordinación óculo-manual
	Actividad	
	Despedida y relajación	
	Juegos de mesa	

EL JUEGO DEL PAÑUELO

El objetivo del juego es que los RI se desplacen por parejas a recoger un pañuelo o el perro.

Elegiremos dos RI para que elijan a un compañero de su grupo. A continuación, éstos escogerán a otros dos y así sucesivamente hasta que el grupo quede dividido en dos equipos. El PI podrá cambiar a los capitanes de equipo. A cada uno de los participantes de los equipos repartiremos un número o un color de forma que queden dos con el mismo número o color de diferente equipo. El TIA se situará en medio de los dos grupos con un pañuelo en la mano y en voz alta dirá un numero o un color. Los RI que tengan ese número o ese color saldrán corriendo para ser los primeros en agarrar el pañuelo y así volver rápidamente a su lugar e interactuar con el perro.

Una vez que la dinámica del juego se haya entendido, variaremos un poco el uego: A cada uno de los componentes de los grupos le daremos el nombre de una habilidad (siéntate, croqueta, twist...) de manera que se forme entre ambos grupos una pareja de cada habilidad. El TIA sujetará el perro en el medio de ambos equipos, dirá una habilidad en voz alta. Los RI de cada uno de los equipos que tengan asignada esa habilidad saldrán corriendo para ser los primeros en agarrar la correa del perro. Quien lo logre, podrá pedirle al perro que realice esa habilidad.

Variante:

– En lugar de decir el nombre del RI, el TIA podrá decir en voz alta una característica objetiva de los participantes, por ejemplo: aquellos que lleven gafas, que sean rubios, que su nombre empiece por una determinada letra,etc.

COMANDOS PARA EL PERRO	MATERIAL
• Caminar al lado	• Correa
• Sentarse	• Manta de terapia CTAC
• Permanecer quieto	• Targetas de habilidades

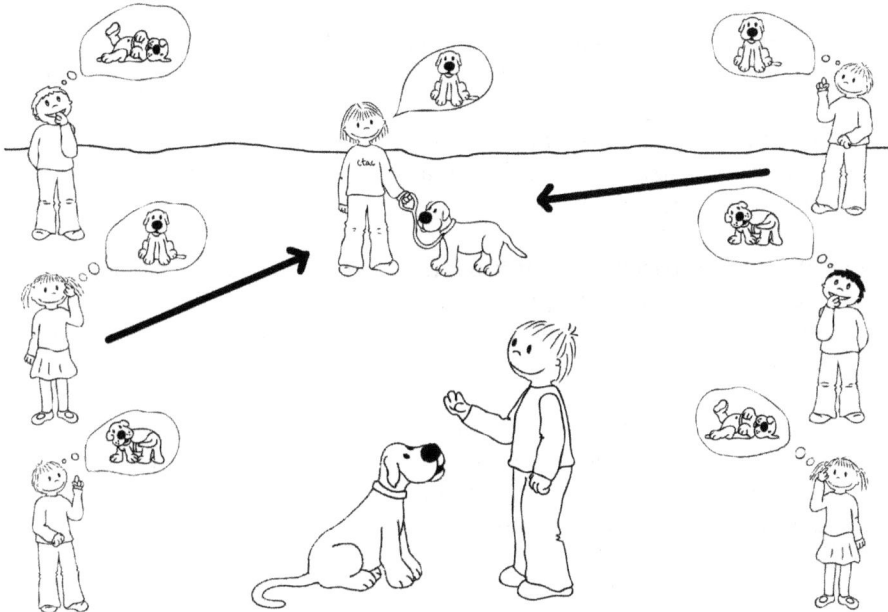

		Objetivos
Área psicomotriz	Coordinación motora	• Ejercitar la coordinación dinámica
	Estimulación sensorial	• Prestar atención a las órdenes
	Percepción espacio-temporal	• Mejorar la comprensión oral
	Esquema corporal	• Adquirir o ejercitar la discriminación auditiva
Área cognitiva	Atención y concentración	• Desarrollar o evaluar la memoria a corto plazo
	Categorización	• Desarrollar la interacción social
	Memoria	• Respetar las normas sociales
	Lenguaje y comunicación	• Crear un vínculo afectivo
Área socio-afectiva	Presentación	• Desarrollar la capacidad de automotivarse
	Actividad	• Aumentar la tolerancia a la fustración
	Despedida y relajación	
	Juegos de mesa	

VALORES PARA EDUCAR

El objetivo de la actividad es hablar sobre la dificultad de educar al perro y qué valores le ayudarán a tener éxito: empatía, paciencia y respecto. ¡Qué mejor que poder experimentar estos valores a través del vínculo afectivo con el perro!

Le propondremos al RI que nos ayude a enseñar a un perro alguna habilidad que aún no conoce o al que se puede ordenar que no realice un determinado comando.

El RI deberá trasmitir seguridad al perro, planificando la secuencia de pasos y teniendo constancia. Sobre todo, deberá basar su clase en valores positivos si quiere que el perro le corresponda, aprenda y ambos disfruten.

Empatía: es la capacidad de participar de los sentimientos de otro ser. En este caso, que el RI reconozca y comprenda las emociones del perro durante el proceso de adiestramiento y sea capaz de compartir estas emociones para poder actuar en consecuencia.

Paciencia: Virtud que implica saber esperar lo que se desea, a pesar de los contratiempos o del trabajo que signifique. Tolerar la frustración y aceptar que puede suceder que el perro —por mucho que ellos quieran enseñarle—, no logre alcanzar esa habilidad a corto o a largo plazo.

Respeto: Respetar significa preocuparse por los derechos de los otros, aunque estos interfieran en los propios, tener en consideración los sentimientos de los otros y actuar en consecuencia.

COMANDOS PARA EL PERRO

- Negación
- Permanecer quieto
- Echarse
- Cubrirse los ojos
- Reptar por el suelo
- Mirar
- Habilidades varias

MATERIAL

- Láminas de habilidades

	Coordinación motora	Objetivos
Área psicomotriz	Estimulación sensorial	• Aprender a planificar
	Percepción espacio-temporal	• Practicar habilidades de autocontrol y tolerar la fustración
	Esquema corporal	• Aprender a generar soluciones a los problemas
Área cognitiva	Atención y concentración	• Trabajar la responsabilidad
	Categorización	• Saber expresar interés por los demá
	Memoria	• Mejorar la comunicación verbal y no verbal
	Lenguaje y comunicación	• Expresión de emociones y sentimientos
Área socio-afectiva	Presentación	• Desarrollar la capacidad de automotivarse
	Actividad	• Dasarrollar conductas prosociales
	Despedida y relajación	
	Juegos de mesa	

SALUDOS ENCADENADOS

El objetivo de la actividad es que los RI se presenten al grupo y saluden al perro.

El TAA se presentará al grupo diciendo su nombre y el del perro. A continuación, les invitará a presentarse a ellos mismos al perro. El PI iniciará la actividad, a modo de ejemplo: se presentará y saludará al perro realizando una acción o actividad determinada.

A continuación, escogerá a uno de los RI dándole la mano para que se levante. Este se aproximará al perro, dirá su nombre en voz alta y a continuación imitará lo que hizo el PI, luego él hará una actividad diferente.

Al terminar, escogerá a otro de sus compañeros, quien saldrá del grupo y repetirá las acciones anteriores.

Este juego puede tener tantos eslabones como grado de dificultad queramos conseguir.

El perro se limitará hacer o recibir las acciones que le propongan los chicos. El TIA controlará al perro a distancia.

COMANDOS PARA EL PERRO

• Permanecer de pie
• Permanecer quieto
• Habilidades varias

MATERIAL

• Láminas de habilidades

	Coordinación motora	Objetivos
Área psicomotriz	Estimulación sensorial	• Ejercitar la coordinación oculo-motriz
	Percepción espacio-temporal	• Ejercitar la percepción táctil
	Esquema corporal	• Desarrollar el esquema corporal
Área cognitiva	Atención y concentración	• Ejercitar observation de los objetos en movimiento
	Categorización	• Adquirir o ejercitar la capacidad de imitación
	Memoria	• Estimular la dinámica grupal
	Lenguaje y comunicación	• Aprender y respetar las normas
Área socio-afectiva	Presentación	• Aprender nuevas formas de comunicación
	Actividad	• Garantizar la simetría del tiempo
	Despedida y relajación	
	Juegos de mesa	

COMUNICACIÓN CON INTERFERENCIAS

El objetivo de la actividad es que dos RI puedan comunicarse a pesar de las nterferencias acústicas causadas por el resto del grupo.

Elegiremos a dos RI: uno será el emisor y el otro, el receptor de un determinado mensaje. Por ejemplo, qué parte del cuerpo deberá tocarle al perro.

Entre ambos, se situará el resto del grupo que mediante gritos, movimientos de sus brazos o sus cuerpos intentarán evitar que el emisor y el receptor logren comunicarse.

Estos dos deberán buscar el contacto visual entre ellos y elevar el tono de la voz, por encima de las interferencias, para lograr comunicarse el mensaje.

Pasado un cierto tiempo, el TIA acercará el perro al grupo para que el receptor toque la parte del perro que indicaba el mensaje. Si lo hace correctamente, el emisor y receptor le darán un premio al perro.

El juego continuará con otros dos voluntarios.

COMANDOS PARA EL PERRO

- Permanecer quieto
- Caminar al lado
- Premio a la orden
- Habilidades varias

MATERIAL

- Targetas con consignas

		Objetivos
Área psicomotriz	Coordinación motora	Estimular la cooperación grupal
	Estimulación sensorial	• Estimular la cooperación grupal
	Percepción espacio-temporal	• Aprender y respetar las normas • Explorar diferentes formas de
	Esquema corporal	comunicación
Área cognitiva	Atención y concentración	• Estimular la comunicación grupal • Experimentar el placer por reír
	Categorización	• Experimentar la desinhibición
	Memoria	
	Lenguaje y comunicación	
Área socio-afectiva	Presentación	
	Actividad	
	Despedida y relajación	
	Juegos de mesa	

FRÍO-CLICK-CALIENTE

El objetivo de la actividad es que el RI, mediante una nueva forma de comunicación, adivine la acción que el PI o los compañeros de su grupo han pensado para que él realice.

La consigna será jugar "Frío-Caliente", con el clicker. Cada vez que el RI oiga el sonido del clicker, significará que se desplaza en la dirección correcta o actúa adecuadamente. Si, por el contrario, no oye "clic", significará que no actúa correctamente o no se desplaza hacia el objetivo final. Así pues, mediante ensayos de errores y aciertos, el RI descubrirá la actividad que debe realizar. Para ello, explicaremos claramente al RI lo importante de emitir o capturar el sonido del clicker en el momento oportuno para no dar u obtener falsas informaciones.

Las actividades pueden ser de una dificultad variable: tocar una parte del cuerpo de un determinado perro, cambiar los collares de los perros, acariciar a un compañero, darle la correa del perro a uno de sus compañeros, etc.

Cuando el RI descubra el mensaje y lo realice; los compañeros lo felicitarán y el perro realizará una habilidad para él.

Variantes:

– Utilizar este juego para explicar la percepción del perro. Cuando nos situamos frente a él con un clicker, es porque queremos que aprenda una habilidad. Remarcaremos la importancia de nuestro lenguaje corporal, de nuestra seguridad al emitir las órdenes y de la capacidad de premiar por medio del clicker en los momentos oportunos.

COMANDOS PARA EL PERRO	MATERIAL
• Habilidades varias	• Clicker

Área psicomotriz	Coordinación motora	Objetivos
	Estimulación sensorial	• Desarrollar la capacidad de automotivarse
	Percepción espacio-temporal	• Mejorar la capacidad de tomar decisiones
	Esquema corporal	• Explorar diferectes formas de comunicación
Área cognitiva	Atención y concentración	• Fomentar un clima de grupo favorable
	Categorización	• Ejecrcitar la observación y la escucha activa
	Memoria	• Ejercitar la coordinación oculo-motriz
	Lenguaje y comunicación	
Área socio-afectiva	Presentación	
	Actividad	
	Despedida y relajación	
	Juegos de mesa	

El objetivo de la actividad es que los RI interactúen entre ellos y presenten a sus perros.

Los RI se colocarán en semicírculo mientras el TIA se presenta a sí mismo y a cada uno de sus perros de terapia diciendo el nombre y una característica propia de cada uno de ellos.

A continuación el TIA situará al perro frente a un RI y este deberá presentarse al resto del equipo diciendo su nombre o una característica de sí mismo en voz alta y clara. Una vez terminada la ronda de presentación, el TIA repartirá al azar sus perros de terapia entre los participantes de la actividad. Los colocará con suavidad sobre de el regazo del RI –si el perro es pequeño– o sobre un taburete para propiciar el mayor contacto entre ambos.

A continuación, el TIA preguntará al grupo quién es y cómo se llama el RI que tiene en brazos a un determinado perro. Le invitará a que cuente al resto de sus compañeros qué siente al tener el perro sobre su regazo, qué le gustaría hacer en ese momento con él, etc. Luego, el TIA volverá a preguntar al grupo a quién de todos ellos le gustaría tomar a ese perrito en brazos.

Quien lo desee, levantará la mano y le pedirá a su compañero, de forma correcta, si le deja tener al perro. Continuaremos la actividad hasta que todos los perros hayan pasado con todos los RI.

Variante:

— Cada vez que el perro vaya con un nuevo RI, este le colocara una prenda de vestir.

COMANDOS PARA EL PERRO	MATERIAL
• Permanecer quieto	• Premios
• Premio	
• Mirar	

Área		Objetivos
Área psicomotriz	Coordinación motora	
	Estimulación sensorial	• Expresión de emociones y sentimientos
	Percepción espacio-temporal	• Favorecer la comunicación
	Esquema corporal	• Desarrollar la capacidad de gozar y gener sentimientos positivos
Área cognitiva	Atención y concentración	• Desarrollar la capacidad de automotivarse
	Categorización	• Aumentar el bienestar personal y social
	Memoria	• Estimular la socialización
	Lenguaje y comunicación	• Desarrollar o evaluar la memoria a largo plazo
Área socio-afectiva	Presentación	
	Actividad	
	Despedida y relajación	
	Juegos de mesa	

VESTIRLE ENTRE TODOS

El objetivo de la actividad es disfrazar al perro, identificar y describir las piezas de ropa.

Con el perro tumbado y los RI alrededor de él, empezaremos cepillándolo y acariciándolo.

A continuación, el PI repartirá una prenda de vestir a cada RI y, por turnos, cada uno nombrará la que le ha tocado.

El PI preguntará quién quiere colocarle una determinada pieza de ropa al perro. Quien disponga de esa prenda, la describirá para el resto del grupo y se la colocará al perro. Luego, hará la misma pregunta al grupo, solicitando otra prenda de vestir. La actividad continuará hasta que todos hayan vestido al perro.

Variantes:

− Por parejas, los RI deberán escoger dos piezas iguales pero de distinto tamaño. El objetivo es que entablen una discusión sobre cuál de las dos prendas es más adecuada y porqué es mejor que la otra para un perro presente en la sesión o para una raza de perros que se observará en una imagen.

− El RI deberá sacar de cada uno de los bolsillos de la manta de terapia CTAC una tarjeta con una descripción o una adivinanza que refiera a una prenda de vestir. Luego de nombrarla correctamente, la buscará con la ayuda del perro por el aula y, cuando la encuentre, se la pondrá al perro.

COMANDOS PARA EL PERRO	MATERIAL
• Sentarse	• Ropa para vestir al perro
• Echarse	• Cepillos
• Permanecer quieto	

Área psicomotriz	Coordinación motora	Objetivos
	Estimulación sensorial	• Presentación inicial
	Percepción espacio-temporal	• Desarrollar la capacidad de gozar de sentimientos positivos
	Esquema corporal	• Crear un vínculo afectivo
Área cognitiva	Atención y concentración	• Ejercitar la motricidad fina
	Categorización	• Enriquecer el vocabulario
	Memoria	• Aprender y respetar las normas
	Lenguaje y comunicación	• Estimular la interacción, comunicación y cooperación grupal
Área socio-afectiva	Presentación	• Aceptar las normas de interacción social
	Actividad	
	Despedida y relajación	
	Juegos de mesa	

LAS ETAPAS DE LA VIDA

El objetivo de la actividad es que el RI identifique las etapas de la vida de los perros para que luego pueda realizar un paralelismo con las etapas de la vida de las personas.

Para iniciar la actividad, colocaremos a tres perros de distintas edades sobre tres mesas de alturas distintas: el perro más joven sobre la mesa más baja y el perro de mayor edad sobre la mesa más alta.

El TIA presentará a cada uno de los perros utilizando como hilo conductor el relato de la vida de un perro de terapias, con la ayuda de un soporte fotográfico con las distintas etapas de la vida de un perro y sus actividades.

A continuación, repartiremos esas fotografías entre los RI para que, por turnos, se coloquen al lado de uno de los perros, interactúen con él y finalmente apoyen la fotografía sobre la mesa en que está el perro cuya edad se corresponde aproximadamente con la del que aparece en la foto.

Cabe la posibilidad de que exista una cuarta mesa vacía para hablar de la muerte de algún perro adulto que ellos hayan conocido, del duelo por él y de que, a pesar que en ese momento no esté presente, estará en nosotros su recuerdo.

Variantes:

— Hacer un paralelismo entre la vida y las actividades de los perros en cada momento de su vida, con nuestra vida y nuestras actividades.

— Hablar de personas o animales de compañía que hayan muerto, pero de quienes siempre nos acordaremos por lo importantes que han sido para nosotros.

COMANDOS PARA EL PERRO	MATERIAL
• Echarse • Permanecer quieto	• 4 superficies de distintas alturas • Secuencia cronológica de fotografías de la vida de un perro • Secuencia cronológica de fotografías de las personas • Secuencia de fotografías de actividades caninas • Secuencia de fotografías de actividades humanas

Área psicomotriz	Coordinación motora	Objetivos
	Estimulación sensorial	• Estimular la interacción y la comunicación grupal
	Percepción espacio-temporal	• Descubrir la vida social del mundo del adulto
	Esquema corporal	• Estimular la escucha activa
Área cognitiva	Atención y concentración	• Saber escuchar y responder
	Categorización	• Mejorar la expresión verbal
	Memoria	• Expresar sentimientos
	Lenguaje y comunicación	
Área socio-afectiva	Presentación	
	Actividad	
	Despedida y relajación	
	Juegos de mesa	

PUZLE SIN PETICIONES

El objetivo de la actividad es que los RI con ayuda de sus compañeros realicen su propio puzle de un perro, pero sin pedir ninguna pieza.

Existirán tantos puzles diferentes como RI jueguen. El TIA entregará a cada uno de los RI una pieza de uno de los puzles para que así cada RI sepa el puzle de perro que le ha tocado. A continuación, el TIA repartirá el resto de las piezas de todos los puzles entre los RI.

Cada uno de los RI debe completar su propio puzle siguiendo la siguiente consigna: no se puede pedir verbal o gestualmente a sus compañeros las piezas que le hagan falta, sino que se deberá esperar a que se las faciliten.

Una vez completados los puzles, podremos hablar sobre cada una de las imágenes representadas: la raza, sus puntos fuertes, sus puntos débiles, posibles profesiones según sus capacidades o anécdotas individuales de los RI, fomentando así la comunicación en el grupo.

Luego, el grupo enumerará tantas habilidades como piezas tenga el puzle. Uno a uno le irá pidiendo al perro (o a los perros) que realice una determinada habilidad, sin repetir ninguna, mientras que uno de los participantes cliquea al perro cuando realiza correctamente la acción.

Variante:

– El perro traerá una pieza del puzle con su boca. El RI, cuando la reciba, deberá formular o responder a un compañero –o al PT– una pregunta de tipo emocional. Por ejemplo: "¿Qué te agrada? ¿Qué te hace poner triste?..."

COMANDOS PARA EL PERRO

• Habilidades varias

MATERIAL

• Varios puzles con idéntica cantidad de piezas
• Clicker

	Coordinación motora	Objetivos
Área psicomotriz	Estimulación sensorial	• Prestar atención al movimiento del otro
	Percepción espacio-temporal	• Adquirir o ejercitar la capacidad de concentración
	Esquema corporal	• Reconocer las partes de un todo
Área cognitiva	Atención y concentración	• Aprender y respetar las normas
	Categorización	• Estimular la socialización
	Memoria	• Favorecer la cooperación
	Lenguaje y comunicación	• Explorar distintas formas de comunicación
Área socio-afectiva	Presentación	• Mejorar la expresión verbal
	Actividad	
	Despedida y relajación	
	Juegos de mesa	

EL LENGUAJE CORPORAL

El objetivo de la actividad es describir e interpretar el lenguaje corporal del perro para conocer su estado anímico y trabajar la empatía de los RI con el animal.

También nos permitirá explorar nuestro propio lenguaje corporal frente a distintos estados de ánimo, mejorando nuestro propio conocimiento.

Por último, este ejercicio nos servirá para que el RI tome conciencia de la importancia de su propio lenguaje corporal al relacionarse y comunicarse con el perro. Podemos extender este concepto a la relación con las personas, para estimular el respeto y la empatía con los demás.

Antes de empezar, estableceremos tres reglas para poder interpretar correctamente el lenguaje corporal del perro.

1. Leer de manera conjunta todos los gestos que ocurren simultáneamente.En un inicio, sin embargo, nos centraremos en entender la expresión de cada una de las principales partes del cuerpo del perro.

2. Interpretar los gestos dentro de un contexto:
   Todos los gestos se deberían interpretar teniendo en cuenta el contexto dentro del cual se producen. A pesar de esto, hemos de tener presente que para poder interpretar correctamente el lenguaje corporal de las personas también tendremos que tener en cuenta el siguiente punto.

3. Observar la congruencia:
   El éxito de la interpretación reside en observar la congruencia entre el conjunto de gestos con los canales verbales y del lenguaje corporal.

COMANDOS PARA EL PERRO	MATERIAL
• Permanecer quieto	• Cartas CTAC del lenguaje canino corporal
• Target de dirección	
• Echarse	• Láminas del lenguaje corporal humano
• Esconderse	
• Ladrar	• Cartas CTAC de las emociones caninas
• Tumbarse	
• Atrás	• Láminas o relatos de situaciones para el juego de roles
• Negación	
• Tocar con la pata o el hocico	

	Coordinación motora	Objetivos
Área psicomotriz	Estimulación sensorial	• Ejercitar la percepción visual: fondo/figura
	Percepción espacio-temporal	• Desarrollar el esquema corporal
	Esquema corporal	• Percibir los gestos faciales
Área cognitiva	Atención y concentración	• Adquiri o ejercitar la capacidad de simbolización
	Categorización	• Adquirir o ejercitar la capacidad de concentración
	Memoria	• Establecer correspondencias
	Lenguaje y comunicación	• Desarrollar la capacidad de la observación
Área socio-afectiva	Presentación	• Estimular la imaginación y la socialización
	Actividad	• Estimular la gestión de emociones y sentimientos
	Despedida y relajación	
	Juegos de mesa	

¿QUIÉN FUE EL ÚLTIMO?

El objetivo de la actividad es que el RI se sorprenda positivamente con las aptitudes del perro para mejorar el vínculo entre ambos.

Le entregaremos a los RI algún objeto relacionado con el perro: un pañuelo, una correa, un aro o una pelota y les pediremos que se desplacen libremente por la sala y se lo vayan pasando entre ellos hasta que el PI dé la orden de sentarse en el suelo formando un semicírculo. El RI que en ese momento tenga el objeto en la mano, lo depositará en el suelo. El PI, en complicidad con el TIA y según lo que hayan acordado previamente, se sentará a la derecha del RI que depositó el objeto en el suelo o en cualquier lugar del semicírculo pero adoptando la misma posición que este RI.

En ese momento, se invitará al perro y al TIA a entrar en la sala.

El TIA les explicará uno de los dos súper poderes del perro: ver a través de la pared o comunicarse por telepatía.

Si les decimos que puede ver a través de las paredes, cuando el perro entre en la sala, irá directamente hacia la persona que haya depositado el objeto en el suelo.

Si le decimos que tiene telepatía con nosotros, les pediremos a todos los RI que piensen en el nombre del compañero que ha depositado el objeto. El perro se sentará frente a los RI y le irá diciendo al oído del TIA las características de la persona que toco por última vez el objeto y así se irán descartando todas aquellas personas que no tengan esas características físicas.

Si queremos mostrarles lo potente que es el sentido del olfato del perro, cuando el perro entre a la sala olerá uno a uno los RI y se sentará frente aquel RI que tocó el objeto por última vez.

COMANDOS PARA EL PERRO

- Sentarse
- Permanecer quieto
- Buscar con el hocico
- Mirar
- Ladrar
- Echarse

MATERIAL

- Objetos perrunos
- Un cómplice

Área psicomotriz	Coordinación motora	Objetivos
	Estimulación sensorial	• Adquirir o ejercitar la capacidad de concentración
	Percepción espacio-temporal	• Aprender los nombres de los compañeros
	Esquema corporal	• Estimular la socialización
Área cognitiva	Atención y concentración	• Aprender y respetar las normas
	Categorización	• Estimular la responsabilidad grupal
	Memoria	• Estimular la interacción y la comunicación grupal
	Lenguaje y comunicación	• Experimentar con la intuición y el misterio
Área socio-afectiva	Presentación	• Desarrollar la capacidad de gozar de sentimientos positivos
	Actividad	
	Despedida y relajación	
	Juegos de mesa	

ADIVINARÉ TU CARTA

El objetivo de la actividad es que el RI se sorprenda positivamente con las aptitudes del perro para mejorar el vínculo entre ambos.

El TIA dispondrá de una baraja de cartas temáticas CTAC y la utilizará para hacer trucos de magia. Con la ayuda del perro, adivinará cual fue la carta que extrajo el RI.

Truco con visión

El TIA invitará al RI a extraer una carta de la baraja y, después de mirarla, la vuelva a introducir en la baraja. En ese preciso momento, el TIA discretamente mirará la carta debajo de la cual el RI ha introducido su carta. A continuación, el TIA seleccionará, al azar, unas cuantas cartas, con la precaución de que una de ellas sea la carta del RI, y las colocará boca abajo. Luego le pedirá al RI que repose su cabeza junto a la del perro, que piense en la carta que ha escogido para que el perro pueda adivinar de qué carta se trata. Luego, el perro irá marcando y eliminando las distintas cartas hasta que la última sea la carta elegida por el RI.

Truco con rotación

El RI extraerá una carta de la baraja, la observará, le pasará por encima de la cabeza del perro y la introducirá de nuevo en el mazo. El TIA irá mostrando las cartas y cuando finalmente salga la carta elegida por el RI, el perro ladrará. Para que el truco se realice correctamente, el TIA deberá:

- Colocar todas las cartas en el mismo sentido.
- Observar si el RI, al extraer la carta, la gira 90º o 180º o la reintroduce sin girarla. Si el RI no la gira, el TIA girará discretamente su baraja y si la gira, el TIA no girará su baraja, de forma que la carta elegida sea la que está al revés de las demás.

COMANDOS PARA EL PERRO	MATERIAL
• Sentarse • Permanecer quieto • Echarse • Tocar con la pata o el hocico it • Mirar	• Barajas de cartas CTAC de habilidades o actividades

Área psicomotriz	Coordinación motora	Objetivos
	Estimulación sensorial	• Prestar atención al movimiento de los demás
	Percepción espacio-temporal	• Adquirir o ejercitar la capacidad de concentración
	Esquema corporal	• Mejorar la comprensión oral
Área cognitiva	Atención y concentración	• Desarrollar o evaluar la memoria a corto plazo
	Categorización	• Asociar y cooperar
	Memoria	• Experimentar el placer de adivinar
	Lenguaje y comunicación	• Experimentar el placer de sorprenderse
Área socio-afectiva	Presentación	
	Actividad	
	Despedida y relajación	
	Juegos de mesa	

CRUZAR POR EL SEMÁFORO

. . . .

El objetivo de la actividad es que el RI identifique y utilice correctamente los colores del semáforo para cruzar la calle con seguridad.

El grupo se colocará frente a un semáforo en el siguiente orden: el TIA, el perro, el RI y el PI, a la espera de poder cruzar correctamente.

Antes de cruzar la calle, facilitaremos que el RI focalice su atención en el color del semáforo: rojo o verde.

Cuando haya repetido el color activo del semáforo, con ayuda o sin ella introduciremos, por repetición, una consigna verbal y gestual para que el RI le diga al perro: "Verde, pasa" y "Rojo, quieto".

En el momento en que el RI visualiza el color rojo y emite la orden gestual o verbal de "rojo, quieto", el PI le dará al RI un premio para que se lo entregue al perro mientras este espera sentado a su lado. En el momento en que el RI dice "verde, pasa", cruzarán la calle y al llegar a la otra vereda, el PI le entregará un premio al RI para que se lo dé al perro.

Ayudas:

— Trabajo previo en el aula de los colores rojo y verde.
— Trabajo previo en el aula de inicio y detención de la marcha, relacionado con los colores.
— Aproximación de una señal verde o roja, que el PI desplazará de más cerca del RI o más cerca de la luz del semáforo, con el fin de dirigir la mirada del RI.
— Bolsillo rojo y verde laterales en el peto de paseo, en los que introduciremos fichas verdes y rojas o premios, para dar al RI un soporte físico.

COMANDOS PARA EL PERRO	MATERIAL
• Bordillos	• Peto de trabajo con bolsillos verdes y rojos
• Caminar al lado	• Señales verdes y rojas
• Premio	• Premios
• Permanecer quieto	

	Coordinación motora	Objetivos
Área psicomotriz	Estimulación sensorial	• Ejercitar la motricidad fina y gruesa
	Percepción espacio-temporal	• Ejercitar la percepción espacio visual • Ejercitar la percepción visual:
	Esquema corporal	fondo/ figura
	Atención y concentración	• Fomentar la responsabilidad • Prestar atención a las órdenes
Área cognitiva	Categorización	• Adquirir o ejercitar la noción de los
	Memoria	colores • Estimular la socialización
	Lenguaje y comunicación	• Aprender y respetar las normas • Experimentar el placer por la
	Presentación	sensación de logro
Área socio-afectiva	Actividad	• Adquirir o ejercitar la capacidad de concentración
	Despedida y relajación	
	Juegos de mesa	

TALLER DE HIGIENE (I)

El objetivo del taller es que el RI alcance hábitos de higiene correctos motivados por la presencia e interacción del perro como animal de terapia.

Para ello deberemos dedicar varias sesiones para favorecer el vínculo y conocimiento entre el RI y el perro.

Presentación y mural de fotografías: Después de que el equipo de trabajo se presente respondiendo a tres consignas (quién soy, qué es lo que me gusta y qué es lo que me disgusta), se podrá realizar un mural cronológico de fotografías del RI junto al perro. Debajo de cada fotografía el RI escribirá una impresión sobre la actividad, sobre sí mismo, etc.

Aproximación al perro y manejo de los utensilios: Seguiremos las rutinas preestablecidas para aproximar el perro al RI, para que lo pueda acariciar y disfrutar. Le presentaremos los accesorios del perro y su manejo, para formar la autonomía del RI respecto del perro durante las sesiones.

Conocimiento básico de la anatomía y psicología del perro: Por medio de cualquiera de los distintos juegos propuestos en este manual, le mostraremos al RI

- Las partes del cuerpo del perro
- Cómo realizar el cepillado: por ejemplo, la rutina de tres veces a favor del pelo para desenredar, tres en contra, para retirar el pelo muerto y tres a favor, para alisar.
- Nociones de lenguaje corporal canino: miedo, enfado, alegría, relajación.

COMANDOS PARA EL PERRO	MATERIAL
• Echarse	• Collar, correa y peto de trabajo
• Sentarse	• Cepillos
• Mirar	• Cámera de fotos
• Permanecer quieto	• Papel para hacer un mural
• Caminar al lado	• Cartas CTAC de las emociones
• Premio a la orden	• Carlas CTAC de las partes del cuerpo
• Cubrirse los ojos	• Dado interactivo
• Saludar	
• Dar un beso	

		Objetivos
Área psicomotriz	Coordinación motora	• Desarrollar la capacidad de automotivarse
	Estimulación sensorial	• Ejercitar la motricidad gruesa y fina
	Percepción espacio-temporal	• Ejercitar la lateralidad y el esquema corporal
	Esquema corporal	• Fomentar la observación
Área cognitiva	Atención y concentración	• Fomentar la escucha activa
	Categorización	• Mejorar la comunicación
	Memoria	• Crear un vínculo afectivo
	Lenguaje y comunicación	• Expresión y gestión de las emociones y sentimientos
Área socio-afectiva	Presentación	
	Actividad	
	Despedida y relajación	
	Juegos de mesa	

TALLER DE HIGIENE (II)

El objetivo de esta etapa es que el RI se responsabilice, en la medida de lo posible, del cuidado y la higiene del perro de terapia. Siguiendo la siguiente premisa: "Vuestro amigo, el perro, necesita que le ayudéis a tener cuidado de su propia higiene, pues hay una serie de pasos que debe cumplir para poder venir a vuestro centro a veros y jugar con vosotros".

Presentación y uso del neceser del perro

El TIA presentará los elementos de higiene canina. Los RI deberán conocer los siguientes puntos, antes de pasar a otro elemento: el uso respetuoso del material, la forma correcta de utilización y los beneficios físicos y sociales que aportan al perro.

Mural fotográfico de los accesorios de la higiene canina, relacionados con los elementos humanos. Asociaremos cada elemento con su imagen en 2D y luego, con la imagen correspondiente al elemento de la higiene humana.

Material y acciones que hay que realizar

-Distintos cepillos del pelo para distintas partes del cuerpo, para cepillar.
-Cepillo dental, pasta dentífrica, para lavarse los dientes.
-Toallitas húmedas, para lavar los pabellones externos de las orejas.
-Corta uñas sin filo, para hacer ver que cortamos las uñas.
-Lima, para hacer ver que limamos las uñas.
-Champú, espuma en seco, perfume, crema hidratante, secador, etc.

Cuando el perro esté bien aseado, según el objetivo propuesto para el día, el RI le podrá pedir una habilidad y relajarse junto a él.

COMANDOS PARA EL PERRO	MATERIAL
• Coger el objeto	• Cepillos para el pelo
• Soltar el objeto	• Cepillos dentales
• Dar un objeto	• Pasta de dientes para perros
• Venir	• Toalla
• Permanecer quieto	• Toallitas higiénicas
• Barriguta	• Elementos para el baño
• Echarse	
• Permanecer de pie	

Área psicomotriz	Coordinación motora	Objetivos
	Estimulación sensorial	• Ejercitar la motricidad gruesa y fina
	Percepción espacio-temporal	• Aprender y respetar las normas • Cooperation: favorecer las relaciones de ayuda
	Esquema corporal	• Favorecer el reconocimiento táctil
Área cognitiva	Atención y concentración	• Favorecer la expresión verbal
	Categorización	• Crear un vínculo afectivo • Desarrollar conductas prosociales
	Memoria	• Trabajar la responsabilidad
	Lenguaje y comunicación	• Aprender a planificar
Área socio-afectiva	Presentación	
	Actividad	
	Despedida y relajación	
	Juegos de mesa	

TALLER DE HIGIENE (III)

El objetivo de esta etapa es que el RI aprenda y se responsabilice de su propia higiene basándose en la siguiente premisa: "Todas las acciones que tan bien ha aprendido y realizado para poder cuidar al perro y que lo hacen estar tan contento, las puede aplicar a él mismo para poder salir de paseo con el perro".

El neceser del RI y la vestimenta:

El PI le obsequiará al RI un neceser y le entregará, para guardar dentro de él, en el transcurso de las sesiones, los distintos elementos propios de la higiene humana.

Para empezar, el TIA realizará una determinada acción sobre el perro y el RI deberá describirla y repasar los beneficios que esa actividad le proporciona al perro. A continuación, realizará la acción equivalente sobre su propio cuerpo, con elelemento que le brinde el PI.

Se hablará de cómo practicar esa determinada rutina de higiene correctamente, la periodicidad óptima y cuáles son los beneficios que el RI obtendrá de ella.

A medida que el RI sea más hábil con su propia higiene, tendrá el tiempo suficiente para asear al perro y luego a sí mismo.

Aspectos para trabajar:

– Limpieza de manos al terminar la sesión con agua y jabón.
– Peinarse con accesorios o sin ellos.
– Limpieza de los dientes con cepillo e hilo dental.
– Uso de desodorante.
– Manicura y pedicura (hidratar, limar y cortar).
– Maquillaje, afeitado, depilación.
– La vestimenta.

Premio final:

Si el RI realiza bien la acción podrá salir a pasear con el perro.

COMANDOS PARA EL PERRO	MATERIAL
• Coger el objeto	• Utensilios para la higiene canina
• Soltar el objeto	• Utensilios para la higiene humana
• Permanecer quieto	• Neceser
• Echarse	• Correa
• Caminar al lado	

Área psicomotriz	Coordinación motora	Objetivos
	Estimulación sensorial	• Ejercitar la motricidad fina
	Percepción espacio-temporal	• Ejercitar la percepción táctil y olfatiba
	Esquema corporal	• Adquirir o ejercitar la capacidad de imitación
Área cognitiva	Atención y concentración	• Aprender y respetar las normas
	Categorización	• Descubrir la vida social del mundo del adulto
	Memoria	• Desarrollar una autoimagen ajustada y positiva
	Lenguaje y comunicación	• Tomar conciencia de las propias necesidades
Área socio-afectiva	Presentación	• Desarrollar la capacidad de automotivarse
	Actividad	
	Despedida y relajación	
	Juegos de mesa	

LA OCA PERRUNA

El objetivo es recorrer el tablero del juego hasta llegar a la meta realizando las distintas actividades descriptas en las casillas.

Antes de iniciar el juego, el TIA realizará un circuito más o menos complicado junto al perro y los RI deberán prestar atención para poder repetirlo, si se da el caso.

Sobre un hule dibujaremos un circuito con casillas marcando un inicio (salida) y un fin (llegada). La función de dado la realizará el perro, quien ladrará o realizará una habilidad un determinado número de veces. Las fichas serán figuras de perros de distintas razas. Cada RI deberá elegir y describir la ficha que lo identificará y, a continuación, comenzarán a recorrer el tablero respetando las reglas del juego.

Empieza la partida: Las casillas estarán marcadas con instrucciones como las siguientes:

- Explica una anécdota con un animal de compañía.
- De perro a perro: el RI se desplaza hasta la casilla 9.
- Pídele al perro una habilidad. Si la realiza correctamente, avanza dos casillas.
- Di una cosa que te guste mucho de ti.
- Di una cosa que te moleste que te hagan los demás.
- Imita el recorrido realizado antes de iniciar el juego.
- Laberinto de correas : en esta casilla el RI perderá su turno y estará una vez sin participar.
- Lanza la pelota al perro.
- De perro a perro: el RI vuelve a la casilla 2.
- Tres pasos de target con clicker: cada vez que el perro toque la mano del RI, este hará sonar el clicker o le pedirá a un compañero que lo ayude.
- Cepilla al perro con un amigo: El RI deberá pedir la colaboración de un compañero con corrección y los demás deberán observarlos atentamente.
- Reparte un premio a cada compañero, para que la intercambien por una habilidad.
- El plato de comida: vuelve al inicio.
- Decir un piropo a cada compañero y uno al perro a cambio de un premio o habilidad.
- Un abrazo al perro.
- Repite la casilla que más desees.

COMANDOS PARA EL PERRO	MATERIAL
• Target de dirección	• Hule con la oca dibujada
• Ladrar	• Rotuladoes
• Habilidades varias	• Cepillos
• Coger el objeto	• Pelotas
• Dar un objeto	• Premios
	• Cliker

	Coordinación motora	Objetivos
Área psicomotriz	Estimulación sensorial	• Ejercitar la motricidad gruesa y fina
	Percepción espacio-temporal	• Adquirir o ejercitar la noción de espacio y dirección
	Esquema corporal	• Adquirir o ejercitar la capacidad de concentración
Área cognitiva	Atención y concentración	• Prestar atención a las consignas
	Categorización	• Reconocer los números
	Memoria	• Aprender y respetar las normas
	Lenguaje y comunicación	• Experimentar el placer por la senseción de logro
Área socio-afectiva	Presentación	• Aprender a respetar los tiempos
	Actividad	• Augmentar el bienestar personal y social
	Despedida y relajación	
	Juegos de mesa